KB230783

기다리는 자의
하나님 Ⅲ

신앙과 신학의 단편(斷片)들

기다리는 자의 하나님 Ⅲ

강희창 지음

한국학술정보㈜

"하나님의 말씀을 전하라"

1980년대 후반 페레스트로이카를 시작한 러시아는 고난과 시행착오를 거듭하던 중에 1998년 8월에 가서 결국은 모라토리움(Moratorium)을 선포했다. 러시아가 모라토리움을 선포하던 날, 필자는 모스크바를 떠나 서울을 향하고 있었다. 다시는 러시아에 오지 못할 거 같은 마음으로 모스크바를 떠났는데, 그 후 10년이 넘는 세월 동안 필자는 스무 차례 이상 모스크바와 북(北)오세치아를 방문해왔다.

처음 모즈독(Mozdok)을 방문했을 때, 길거리를 오고가는 사람들 중에 상당수가 우리와 얼굴이 똑같았다. 도시의 10% 정도가 고려인이라 했다. 이게 도대체 어찌 된 일인가? 우리 땅에서 멀리 떨어진 지구 반대편에서 어찌 이런 일이 일어날 수 있는가? 참으로 놀라운 일이었다. 고려인 친구 동세화의 안내로 북 오세치아의 수도인 블라디카프카스를 방문했을 때, 그 때 오세치아 친구들과의 만남을 잊을 수 없다. 인종과 언어가 다른 처음 만난 그들이 가장 귀한 손님을 대하는 자세로 나를 맞아주었다. 그들과 나는 친구가 되었고 얼마 후에는 형제 관계를 맺었다.

그들은 내가 왜 그들의 땅을 찾아갔는지 잘 알고 있다. 나는 나 자신을 선교사라고 부른 적이 없지만, 그들 중에 누군가는 나를 개신교 선교사라고 불렀다. 그들에게 복음을 전한다 하지만, 복음에 대한 자세한 표현은 어려웠다. 그들과 나 사이에는 언어적 한계가 있었다. 그들은 오랫동안 종교적 갈등을 겪어왔기 때문에, 신앙에 대한 표현은 아주 예민한 문제가 될 수도 있었다. 그러니까 그들이 요청하는 상황에서 기도를 하거나 간단한 성경적 메시지를 전하는 일을 주로 해야만 했다.

선교라는 것은 이 세상 나라가 하나님의 나라로 변해가도록 하나님 나라 편에서 전해오는 메시지를 전하는 것이요. 또한 인격과 삶으로 본을 보이는 일이다. 그 일은 인간의 지혜와 능력으로 될 일이 아니다. 그렇기 때문에, 하나님의 사람들이 선교를 위하여 찾아가는 곳에서는 특별한 체험을 하게 된다. 귀신 들린 사람을 위하여 기도하는 중에 귀신이 물러가는 체험을 할 때가 있었다. 기도하는 중에 전했던 말씀이 그대로 이루어진 경우도 있었다. 병든 자를 위하여 기도했을 때, 그 자리에서 병이 낫는 체험을 하기도 했다.

자동차를 타고서 눈 쌓인 들판을 지나 예배를 드리러 가다가 자동차가 미끄러져 깊은 눈 속에 처박힌 일이 있었다. 인적이 없는 허허벌판에서 우리는 어딘 지도 모르는 눈 속에 거꾸로 깊이 처박혀서 꼼짝을 할 수 없었다. "하나님께서는 왜 여기서 이런 일이 일어나게 하시는가? 아! 여기서 끝나는 것이 하나님의 뜻인가?" 그런 절박한 순간이 있었다. 그 절박했던 곳의 이름은 '스티프노이'이다. 나는 거기서 끝나지 않았고, 이후로 나의 하나님은 스티프노이의 하나님이 되셨다. 어려운 일이 있어 기도할 때, 나는 지금도 스티프노이의 하나님을 부른다.

고난의 역사를 살아온 카프카스 사람들은 성경적 메시지에 대하여 마음이 열려 있다. 어느 교파의 입장을 강조하는 것이 아니라면, 성경적인 메시지를 반대할 사람은 없었다. 어쩌면 그들은 우리들보다 더 열심히 '하나님의 말씀'을 기다리는 듯했다. 북 오세치아의 베슬란에서 비극적인 테러가 일어났을 때, 오세치아의 친구들은 "우리를 향한 하나님의 뜻이 무엇인가? 우리에게 하나님의 말씀을 전하라."고 분노하며 울먹이기도 했다. 그러면서 십여 년 이상의 세월이 흘렀다. 이제 나의 마음 속 깊고 넓은 부분은 그들이 차지하고 있다. 밤에 잠자리에서 떠오르는 얼굴들 중에 반 이상은 오세치아 형제들의 얼굴인 듯하다. 우리는 성부 성자 성령 삼위일체 하나님 앞에 함께 서 있는 하나님의 백성들로서 형제들이다. 언젠가 이 책이 형제들의 언어로 번역되어 쓰임받기를 바라며 기도한다.

Передай Божье Слово!

Россия, затеявшая во 2-й половине 1980-х годов перестройку, была погружена в бесконечные проб лемы и в бесконечные пробы и ошибки. Результат ом чего в августе 1998г.былобъявленмораторий.Ак акразвденьобъявлениямораториа,вашпокорныйслуг анаправлялсяизМосквывСеул.И,покидаяМоскву,ощ ущениябылитакими,что,похоже,мнеужебольшенепр идётсяпобыватьещёразздесь,в России. Тем не мен ее, с тех пор прошло вот уже более чем 10 лет, как я, ваш автор, посетил с визитом вот более че м 20 раз Москву и Северную Осетию.

Во время моего первого визита в Моздок, сред и людей, проходящих по улицам, я увидел изрядн ое количество людей, на лицо совсем похожих на нас, корейцев. Оказывается, 10% населения, от чи сла проживающих в городе, составляют так называ емые российские корейцы. В самом деле, как же могло такое получиться?! Как же могло случиться так, что так далеко от нашей Родины, на другом конце Земного шара, как могло такое произойти?! Действительно, удивительное дело!

И во время моего посещения столицы Северной Осетии Владикавказа, в сопровождении моего дру га российского корейца Донг Се Хва, произошла моя незабываемая встреча с моими осетинскими д рузьями. Осетины встретили меня как самого доро го гостя, несмотря на то, что они видели меня в первый раз, и, несмотря на расовые и языковые ра зличия. И мы сними стали друзьями, а попозже и братьями и сёстрами.

Осетины хорошо знали, для чего я приехал на их Родину. И хотя мне не представлялось случая представиться им в качестве миссионера, кто-то и з осетин называл меня протестантским миссионер ом. Конечно, я им благовествовал, но полностью рассказать им о Благой Вести, было проблематичн о. Так как между и мной существовал ограничива ющий языковый барьер.

В связи с тем, что осетины на протяжении долг о времени испытывали всю тяжесть религиозных конфликтов, выражение своего вероисповедания м огло, также могло стать очень острой проблемой. Поэтому, в основном я занимался тем, что по их просьбе я возносил молитвы Богу или, вкратце пр оповедовал им Евангелие. Миссионерством называ ется проповедование Божьего Слова, изменяющег о этот мир в Божью страну. Другими словами, пр имер демонстрации возвращения личности к жизн

и. И это работа, это дело непосильно ни человечес
кому разуму, ни его силам.

Поэтому, Божий народ, там, куда он отправился
миссионерствовать, он обретает особенный опыт.
И в моём случае тоже было такое, что: во время
молитвы над одержимым бесами человеком, бесы
покидали его⋯. Было и такое, что во время молит
вы проповедуемое Слово полностью исполнялос
ь⋯. Также: во время молитвы над больным челове
ком, болезнь тут же покидала его⋯.

Однажды, когда мы ехали на машине по заснеж
енной степи, отправляясь на Богослужение, наша
машина из-за гололёда опрокинулась в глубокий
снег. То есть, мы опрокинулись на бескрайней пус
тыне без следов человеческого присутствия, да та
к, что не могли даже пошевелиться⋯. «Господь! В
зывал я. Почему же ты допустил это?! А, наверно
е Твоя воля в том, чтобы здесь настал на конец?»
Вот такие вот были мгновенья отчаяния. И то мес
то нашего отчаяния называется «Степное». И с те
х пор и по сей день для меня мой Господь стал дл
я меня «Степным» Господом. И по сей день, когда
мне трудно, в своих молитвах я призываю «Степн
ого» Господа.

Сердца людей Кавказа, живущих в постоянных

страданиях, открыто для Благой Вести. И, если не акцентировать внимание на религиозной принадле жности, среди них не было человека, возражающе го против Благой Вести. Похоже, что, почему то, они даже ещё с большим усердием, по сравнению с нами, ожидают Божьего слова.

После трагического теракта, произошедшего в г. Беслане (Северная Осетия), мои осетинские дру зья спрашивали меня, сдерживая негодование скво зь слёзы: «Ну, скажи нам, в чём же тогда заключа ется для нас воля Бога?! Передай нам Его Слов о!».

С тех пор прошло уже более 10-ти лет. И отны не эти люди занимают значительную часть моей д уши. Ночью, когда я засыпаю, среди всех лиц, всп лывающих в моей голове, более половины занима ют лица моих осетинских братьев и сестер. Мы вс е - Божий народ, вместе предстоящий перед лице м Святой Троицы, в лице Святого Отца, Сыны и Святого Духа. И я надеюсь и молюсь, чтобы эта к нига когда-нибудь была переведена и написана на родном языке моих осетинских братьев и сестер.

|차례|

Contents

Contents

나그네의 하나님

성경에는 기적에 대한 많은 말씀들이 나타납니다. 그런데 그 말씀들이 의도하는 바는, 기적 그 자체를 전하려는 것은 아닙니다. 성경 말씀의 궁극적인 의도는 기적을 전하려는 데 있지 않다는 것입니다.

예수 그리스도를 모르던 곳에 복음이 전파되기 시작할 때는 놀라운 기적들이 일어나곤 합니다. 그런데 정말로 기적이 필요하다고 생각되는 그런 시간에는, 기적이 거의 전혀 일어나지 않았습니다. 사도바울이 체포되어서 최종적인 재판을 받고 고난당하는 과정에서 기적은 찾아보기 어렵습니다. 사도바울을 통하여 그렇게 많은 기적이 일어났는데, 정작 필요한 시간에는 기적이 나타나지 않는 것입니다. 예수님께서 체포되셔서 재판 받으시고 고난당하시고 십자가에 돌아가실 때, 그 때는 기적이 전혀 일어나지 않았습니다. "그렇게 크신 능력을 행하신 예수님이신데, 어찌 가장 중요한 그 십자가 시간에는 그렇게 무력하게 그냥 돌아가시고 말았는가?"

왜 하나님께서는 그렇게 하셨는가? 그 크신 능력으로 단번에 세상 권세를 물리치시고, 단번에 하나님의 나라를 세우시면 될 텐데……. 뭐 그렇게 어렵게 복잡하게 일하시는가?

나는 올바른 길을 따라 살려고 이 시간까지 애를 써 왔는데, 왜 나는 이렇게 어렵게만 살아가는가? 왜? 나는 이렇게 살아야만 하는가?

그렇게 왜? 왜? 하고 외치는 사람들에게 하나님께서는 예수 그리스도의 십자가를 가리키십니다. 하나님의 아들이 왜 그렇게 무력하게 십자가에 달려 죽었는지 너는 아는가? 하나님께서는 하나님의 아들을 왜 그렇게 십자가에 그냥 놔두셨는지 너는 아는가? 하나님께서 힘이 없으셔서 그랬겠는가?

하나님께서 많은 기적을 행하시고 놀라운 능력을 나타내신 모든 것이 결국은, 하나님께서 자기 백성과 교통하시려는 것입니다. 이전에는 단절되었던 관계인데, 그 백성들과 마음의 관계를 회복하시려고 하나님께서는 하나님의 방식으로 하나님의 일을 하시는 것입니다. 처음에는 기적과 축복으로 백성들의 마음을 기쁘게 하시고 그 마음이 열리게 하십니다. 그러고 나서 백성들의 영혼이 하나님을 알 만하면, 그때부터 하나님께서는 우리 마음 가장 깊은 곳에서 우리와 관계를 맺으려 하십니다.

기적 때문에 하나님을 믿는가? 그렇다면 기적이 안 일어나면 하나님을 믿지 않겠다는 것인가? 축복을 많이 받았기 때문에, 예수를 믿는가? 그렇다면 축복이 사라지고 고난이 오래 지속되면 예수를 포기하겠다는 것인가? 열심히 기도해도 병이 낫지 않는다면, 성령의 능력을 부인하겠다는 것인가?

> 기적이나 축복이 나타나지 않아도, 내 인생길이 광야만 계속된다 해도, 내 마음속 깊이 새겨진 하나님! 그 어떤 고난도 내 마음속의 하나님을 지울 수 없는 그런 관계! 하나님께서는 그런 관계를 원하시는 것입니다.
> 그러니까 때때로 우리는 기적이나 축복이 전혀 일어나지 않는 상황에서 신앙의 연단을 받게 되는 것입니다. 내가 하나님의 백성이라면, 내가 하나님을 멀리 떠나 이방 나라에 살더라도, 하나님의 말씀은 나의 영혼 속에 깊숙이 새겨져서 그 누구도 그것을 지울 수가 없는 것입니다.

내가 하나님과 맺어 온 관계가 과연 진실한 관계인가 아닌가? 우리는 기적이 일어나지 않는 상황에서 특별한 은혜가 없이 인내하면서, 신앙의 연단을 받게 되는 것입니다.

그러니까 하나님의 성령께서는 우리들로 하여금 기다리게 하시고, 인내하게 하십니다. 성령의 역사는 견디기 어려운 많은 시간 중에도, 믿음을 포기하지 않도록 우리 마음을 붙들어 주시는 것입니다. 성령의 역사는 우리들로 하여금 하나님을 사랑하게 합니다. 인간과 세상을 사랑하던 사람으로 하여금, 하나님을 사랑하도록 만드는 것입니다. 성령의 역사는 우리에게 하나님의 마음을 전달하는 것입니다. 많은 고난 중에도, 믿음을 잃지 않고 마음을 다하여 하나님을 의지하게 만드는 것이 성령의 역사입니다.

"가족을 멀리 떠나 오랫동안 살면, 가족을 다 잊어버리게 되는가?" 그렇지 않습니다. 진정한 가족이라면, 그 반대가 옳습니다. 그들이 진정한 가족이라면, 가족을 떠나 오랫동안 살아갈 때 그들의 영혼 속에는 지워질 수 없는 서로의 얼굴들이 깊숙이 새겨지게 되는 것입니다. 나그네의 마음 속에 고향이 더 선명하게 새겨진 것처럼, 고난과 기다림 중에 있는 우리 영혼에 하나님은 더욱 더 선명하게 깊이 새겨져 가는 것입니다.✚

사랑은 자랑하지 아니하며

이스라엘 왕국의 첫 번째 왕인 사울의 삶의 방식은 하나님을 후회하시게 만들었습니다. 그런 사울 왕이 "나는 하나님께 순종했다."고 말할 때가 있었는데, 사울의 그러한 주장을 어떻게 받아들일 것인가?

내가 사랑하는 나의 아이를 위해서 좋은 것을 먹이고 좋은 옷을 입히고 많은 돈을 들여서 공부를 시키고……. 그렇게 한 다음에 "나는 내 자식에게 할 만큼 다 했다." 그런 말을 하는 부모들은 찾아보기 어렵습니다. 진정으로 아이를 사랑하는 부모는, 무엇을 얼마큼 했다 해도 계속 부족하다고만 생각합니다. 내가 사랑하는 내 아이이기 때문에 나에게 있는 모든 것을 다 준다 해도 아깝지 않습니다. 할 수만 있으면 더 해 주려고 합니다. 그런데 남의 아이일 경우에는 상황이 달라집니다. 어쩌다 아이스크림을 하나 사 주었는데, 나는 그걸 기억합니다. "내가 언젠가 저 아이에게 무언가를 사 주었는데, 그런데 글쎄 저 녀석이 은혜를 모르는구나.”

내 아이일 때는 내가 무얼 해 주었어도 “내가 무언가를 했다.”는 것을 기억하는 것이 아니라, “내가 아직도 무언가를 못 해 주고 있다. 내가 무언가를 더 해 주어야 한다.” 그런 생각을 하게 되어 있습니다. 그런데 남의 아이일 경우에는 그 반대로 생각합니다. “내가 전에 무언가를 해 주었는데……. 그만하면 된 거 아닌가? 내가 더 이상 어떻게 하라는 말인가?”

하나님이 진정 나의 하나님일 때, 내가 하나님께 무엇을 드렸다 해도 나는 아직 부족합니다. “나는 순종치 못했습니다. 나는 아직 멀었습니다.” 그런데 남의 자식 사랑하듯이 교회에 나오면, 그때 나는 이런 생각을 합니다. “하나님 나는 그래도 하노라고 했습니다. 교회에 전혀 나오지 않는 사람도 있지 않습니까? 내가 뭐 의도적으로 나쁜 일을 했나요? 다른 사람만큼 헌금도 했고, 시키는 일도 했고…….” “그 정도면 순종도 했지 않습니까?” 그렇게 생각하는 사람은 사울 왕을 닮은 것입니다. 사울 왕을 닮았다면 그 사람은 지금 하나님을 후회하시게 만들고 있는 중일 것입니다. 그런 사람들에게 있어서 하나님은 나의 하나님이 아닙니다. 나는 나이고, 하나님은 그냥 하나님일 뿐인 것입니다. 그런 사람을 통해서는 사울 왕의 삶의 방식이 나타납니다. 하나님의 형상은 나타날 수 없는 것입니다.

고린도전서 13장 4절 말씀은 "사랑은 자랑하지 아니하며……."라고
합니다. 사랑은 나를 내세우지 않는다는 말씀입니다. "사랑은 자랑하지
아니하며" 하나님을 향한 나의 사랑이 진정한 사랑이라면 나는 나를 내세울
수가 없습니다. 그 사랑이 진정한 사랑이라면, 내가 무언가를 했다는 것이
아니라. 내가 무언가를 못했다는 것을 먼저 생각하게 되는 것입니다.
세상적인 삶의 방식은, 어떻게든 간에 나를 내세우는 것입니다. 나를
자랑하고 내가 한 것을 내세워서 사람들의 인정을 받고, 존경을 받아서 나의
자리를 확보하고 그걸 가지고 물질과 명예를 추구하고……. 그러면서
결국은 하나님 없는 방향으로 치닫게 되는 것입니다.

오늘날 한국교회는, 나를 내세우고 나를 자랑하는 사람들로
가득합니다.

"우리는 세상에서 가장 큰 교회를 많이 세웠습니다. 선교사
가 들어온 지 얼마 되지도 않았는데 이 정도면 됐지 않습니까?
하나님! 죄 안 짓는 사람이 어디 있습니까? 하나님!" 그렇게
자신을 내세우는 사람들로 가득한 한국의 많은 교회들이 지금
은 스스로 무너져 내리고 있습니다. 나를 내세우다가 스스로
무너져 내리는 교회와 성도들은 사울 왕을 닮은 것입니다.

'진정한 사랑'과 '공로의식'은 서로 정반대가 됩니다. 아버지
의 뜻에 죽기까지 순종하신 예수 그리스도께는 공로의식 같은

것이 나타나지 않습니다. 진정한 사랑으로 헌신하는 성도들에게서는 공로의식 같은 것이 나타나지 않습니다.

그런데 참 이상한 것이, 예수님을 십자가에 못 박은 그 유대 제사장들에게서는 대단한 공로의식이 나타납니다. 그들은 공로의식을 신앙과 동일시합니다. 왜 그렇습니까? 그들의 하나님 사랑은 사실은 자기 사랑이요, 세상 권세를 사랑한 것이기 때문입니다. 그들의 믿음은 하나님의 공로가 아니라, 인간의 자기 공로를 말하는 것입니다.

그런 믿음이나 그런 사랑 가지고는 구원받을 수 없습니다. 사랑은 자랑하지 아니하며……. 하나님을 사랑하는 나의 사랑이 진정한 사랑이라면, 내가 진정으로 하나님을 사랑한다면, 나의 행위나 공로를 내세우기보다는 나의 부족한 점, 나의 부끄러운 점에 대해서 먼저 생각하고 기도하고……. 그렇게 사는 것이 옳습니다. 그런 삶을 통해서만 하나님의 형상은 나타나게 될 것입니다. 그런 삶을 통해서 하나님의 형상이 드러나며, 능력 있는 전도의 열매가 나타나게 되는 것입니다.✛

은혜의 회복을 위하여

하나님의 은혜가 없으면 우리의 영혼은 서서히 주저앉기 시작합니다. 하나님의 은혜는 점차 사라져 가면서 성공한 인간들의 공로의식이 선명하게 나타나기 시작합니다.

그런 곳에서 개혁이 시작될 때, 종교개혁자들은 무엇보다 먼저 하나님의 은혜를 강조합니다. "하나님께서 거저 주신 것에 대해서 거저 주셨다고 말해야 한다. 왜 하나님께서 거저 주신 것을 가지고서, 인간의 행위와 공로로 얻은 것처럼 말하는가?"

우리가 살아날 길은 하나님의 은혜를 회복하는 것입니다. 하나님의 은혜가 살아나기를 기대한다면, 우리가 가장 먼저 해야 할 일은 인간들의 공로의식이 물러서게 하는 것입니다. 행위나 공로나 물질을 드려서 얻은 것처럼 자신을 앞세우는 생각이나 가르침은 물러서게 해야 합니다. 그래야만 하나님의 은혜가 임할 수 있는 영적인 공간이 마련되는 것입니다.

하나님의 종 모세는 시편 90편 9절을 통하여 이렇게 고백합니다. "우리의 모든 날이 주의 분노 중에 지나가며 우리의 평생이 순식간에 다하였나이다." 자신의 인생을 돌이켜 생각할 때, 지금까지 살아온 모든 날들이 주의 분노 중에 지나갔다고 말합니다. 나보다 못한 사람을 생각하면, 내가 좀 잘했다고 생각될지 모릅니다. 그런데 하나님을 향하여 바로 서서 내가 살아온 과거를 돌이켜 생각하면, 남모르는 죄악과 내 뜻대로 고집하며 살아온 인생을 생각하면, 남의 마음을 짓밟고 살아온 그 시간들을 생각하면, 내 마음에 미움과 분노와 증오로 가득했던 그 시간들을 생각하면……. 이런 나를 바라보시는 하나님의 마음에는 기쁨보다는 분노가 가득할 거라고 생각하는 것입니다.

그래서 모세는 이렇게 고백합니다. 인생이 칠십을 살고 건강하면 팔십을 사는데, 거의 모든 인생들이 죄악에 대한 두려움이 없이 살아간다는 것입니다. 인간들은 하나님을 두려워하지 않는 것입니다.

입술로는 하나님을 말하나, 실제 그들의 삶에는 하나님이 안 계십니다. 그러니까, 하나님의 은혜가 없는 것입니다. 결국 그들은 그들 스스로의 행위와 공로만을 앞세워 살아가야 합니다. 그렇게 인생을 살고 그렇게 교회를 세우고, 그렇게 인간들끼리 살아가는 것입니다. 그러는 동안에 그들은 자신도 모르는 사이에, 서서히 스러져 가는 그들의 인생을 깨닫기 시작합니다. 하나님의 은혜가 없이, 인간의 지혜와 노력과 공로를 앞세워 살아온 그들의 인생은 결국 그렇게 될 수밖에 없다는 것을 절실히 깨달아 가는 것입니다.

그래서 하나님의 종 모세는 시편 90편 13절을 통하여 이렇게 기도합니다. "여호와여 돌아오소서. 언제까지니이까? 주의 종들을 불쌍히 여기소서." 그리고 시편 90편 17절을 통하여 이렇게 고백합니다. "주 우리 하나님의 은총을 우리에게 내리게 하사 우리의 손이 행한 일을 우리에게 견고하게 하소서." "하나님의 은총을 우리에게 내리게 하사……." 하나님의 종 모세는 하나님의 은혜가 사라져 버린 하나님의 백성들을 위하여 기도하는 것입니다. "여호와여 돌아오시옵소서." 여호와 하나님과의 관계 회복을 위하여 기도합니다. 하나님의 은혜의 회복을 위하여 기도하는 것입니다.

이 모든 것을 하나님의 은혜라고 깨닫고 인정하는 그런 영혼 그런 교회에, 하나님의 은혜가 임하기 시작합니다. 고난의 십자가를 대할 때에도 십자가 너머 부활의 은혜를 믿고 바라는 영혼들에게는 하나님의 은혜가 임할 수밖에 없는 것입니다.

베드로전서 2장 25절 말씀은 이렇게 전하고 있습니다. "너희가 전에는 양과 같이 길을 잃었더니 이제는 너희 영혼의 목자와 감독되신 이에게 돌아왔느니라." 자신의 노력과 공로를 앞세우고 다니다가 길을 잃었던 영혼들이 그런 교회들이, 이제는 올바른 믿음의 길로 하나님의 은혜의 길로 돌아오고 있다는 말씀입니다. 그렇게 돌아오는 동안에 하나님의 은혜가 회복되는 동안에, 우리의 삶에는 생각지 못했던 은혜와 축복이 임하게 되는 것입니다.

하나님의 성령께서 여러분들의 마음으로부터 행위나 공로에 대한 생각은 다 물러가게 하시기를 바랍니다. 그리고 그 빈 자리에 하나님의 은혜를 인정하는 믿음으로 충만케 되기를 바랍니다.

좁은 문으로 들어가라

교 회 생활을 하는 데에도 넓은 길이 있고 좁은 길이 있습니다. 똑같이 교회를 다니는데, 넓은 길로 다니는 사람이 있는가 하면, 좁고 협착한 길로 다니는 사람이 있는 것입니다. 좁은 문으로 들어가는 사람은 생명과 진리에 이를 것이요 넓은 길로 다니는 사람은 구원에 이르지 못할 것입니다.

교회 안에 있다 하나 주로 사람을 의식하며 살아가는 인간적인 삶의 방식은 넓은 길에 해당합니다. 많은 사람들이 살아가는 방식으로 나도 그렇게 살아가는 세속적인 삶의 방식이 넓은 길에 해당합니다. 누구나 오고가고 하는 넓은 문이 바로 그런 것입니다.

말씀을 따라 변화를 추구하는 신앙생활인가? 그 변화를 통하여 예수 그리스도를 바라보는 신앙생활인가? 아니면 많은 사람들이 가는 대로 쫓아 다니는 신앙생활인가? 교회 안에 있다 해도 결국은 인간을 바라보고 살아가는 신앙생활을 하는 것인가? 거기서 길은 서로 달라지는 것입니다.

예수님께서는 우리들에게 "좁은 길로, 좁은 문으로 들어가라."고 말씀하십니다. 많은 사람들과 다른 길로 가더라도, 하나님께서 원하시는 길로 가라는 말씀입니다. 당장에는 고난이 있더라도, 하루 이틀 후에는 부활의 아침이 밝아 오는 그런 길을 말하는 것입니다. 지금 넓은 길로 다니는 사람은 장차 하나님의 심판대 앞에 세워질 것입니다. 그러나 지금 좁은 문으로 들어가는 사람은 머지않아 부활의 하나님을 만나는 것입니다. 그러니까 우리는 사람들을 쫓아 다니는 방식으로 살아서는 안 됩니다. 세상과 사람과 유행을 따라가지 말고 예수 그리스도를 따라가려고 해야만 합니다. 그래서 우리는 말씀을 공부하는 것이요 설교를 듣는 것입니다.

신앙생활을 올바로 하려면, 우선 내 주변의 인간관계가 변해야만 합니다. 인간관계가 변해야만 올바른 신앙생활을 할 수 있는 것입니다. 세상과 인간관계를 예전처럼 다 유지하면서 하나님을 섬길 수는 없습니다. 세상과 하나님을 동시에 섬길 방법은 없는 것입니다. 그러니까 선택과 결단이 없이는 하나님께로 돌아올 수 없습니다. 선택과 결단이 없는 신앙생활은 미래를 기대할 수가 없는 것입니다.

선택과 결단을 한다고 해서 좁은 문으로 들어간다고 해서, 당장 하나님께로부터 어떤 응답이 오는 것은 아닙니다. 하나님의 뜻을 따라서 결단과 선택을 했는데, 오히려 고난이 닥쳐오는 경우가 얼마든지 있습니다. 그러니까 우리에게는 인내와 기다림이 반드시 필요합니다.

세상에서는 속도 경쟁을 합니다. 초고속 인터넷으로 온 세상 구석 구석을 아주 짧은 시간에 연결시킵니다. 우리 동네 강남역에는 거대한 고층 빌딩이 일이 년 안에 다 지어진 듯합니다. 온 세상은 속도 전쟁을 합니다. 그런데 이런 속도 전쟁은 어떻습니까? 하루 이틀 안에 체중을 십 킬로그램이나 이십 킬로그램을 줄일 수 있다면……. 그런 속도 경쟁은 어떻게 생각되십니까? 그건 아주 위험한 일입니다. 지나치게 짧은 시간 안에 과도하게 체중조절을 하면, 그 때는 생명이 위험합니다. 그러면 이런 경우는 어떻습니까? 어느 교회 목사님은 신학공부를 시작한 지 일주일 만에 공부를 다 마쳐서 목사님이 되었다더라……. "그런 목사님을 만나면, 나도 모든 일을 빨리빨리 할 수 있지 않겠는가?" 그런 분을 만나면 나의 신앙도 더 빨리빨리 성장하지 않겠는가? 그렇게 생각하시는 분은 아마 한 분도 안 계실 것입니다.

소중한 일, 중요한 일에는 중요한 그만큼 연단과 기다림의 시간이 필요한 것입니다. 갑자기 어려운 일을 당할 때는, 나의 기도가 신속히 응답되기를 바라는 것이 당연합니다. 그런데 아주 중요한 기도는 거의 예외 없이 하나님과의 깊은 관계를 필요로 하는 기도들입니다. 인내와 기다림을 필요로 한다는 말씀입니다. 이 나라와 이 민족의 복음화를 위하여, 교회의 개혁을 위하여, 성도들의 변화를 위하여……. 그렇게 중요한 기도는 많은 인내와 연단의 시간을 필요로 하는 것입니다.

내 마음 깊은 곳으로부터 하나님을 사랑하며, 인간의 죄악을 애통하며, 어두운 현실을 넘어 미래와 희망을 바라보는……. 그런 인내, 그런 기다림이 필요한 것입니다. 모든 중요한 일들에는 인내와 기다림이 필요하다는 말씀입니다.

하루살이는 하루 만에 태어나고 그리고 죽고 맙니다. 장마철이 지나서 햇살이 비치면 며칠 전에 안 보이던 잡초가 여기저기 크게 자란 것을 볼 수 있습니다.

그런데 귀한 꽃은 쉽게 자라지 않습니다. 귀한 인간의 생명은 잉태되기가 어렵고, 잉태된 생명을 간직하기도 어렵고, 출산과 그리고 성장의 모든 과정이 다 어려운 것입니다. 기다림이 길고 고난이 깊은 그만큼, 태어난 생명은 고귀한 것입니다. 고귀한 진리일수록, 믿고 깨닫는 데에 인내와 기다림을 요구하는 것입니다.✚

다시 살아나신 첫 열매

고린도전서15:20

우리는 정치 경제 사회 종교 전반에 걸쳐서 한동안 어려움을 겪어 오고 있는 중입니다. 특히 경제 문제가 심각하다고들 말합니다. 그래서 며칠 전에, 국립도서관에 가서, 이런 자료들을 찾아보았습니다. 1920년대 말에 미국 경제가 대공황을 맞았던 적이 있는데, 그때 그들의 어려움이 어느 정도였는가? 지금 우리와 비교할 때, 그들의 고통은 어느 정도였는가? 그리고 그들은 그 어려움을 어떻게 극복했는가? 우리보다 앞서 간 미국의 경험에 대해서 알아보고 싶었습니다.

그런데 당시의 미국 사람들은 우리보다 훨씬 더 심각한 어려움을 겪은 것으로 나타납니다. 1920년대 말에 불황이 시작되면서, 짧은 기간 동안에 미국에서 생겨난 실업자가 이천오백만 명이나 되었다고 합니다. 1년 사이에 주가가 8분의 1로 떨어졌다고 합니다. 그때 미국에 6천 개 정도의 은행이 있었는데, 그

은행들 중 80% 정도인 5천여 개의 은행들이 파산을 했습니다. 9백만 개 정도의 저금통장이 단기간에 휴지조각이 되고 말았습니다. 농산물 가격이 폭락해서, 농부들은 엄청난 분량의 농산물을 땅에 파묻거나 아니면 농산물을 쌓아 놓은 후에 거기다 석유를 뿌렸습니다. 가격이 폭락하니까 내다 팔 수는 없고, 그렇다고 공짜로 다 나누어 주면 이후의 농사를 포기해야만 합니다. 그런데 가난한 실업자들은 돈이 없으니까 먹을 것이 없고, 그래서 농산물을 훔치다가 체포되는 사람들이 수없이 나타납니다. 굶어 죽지 않으려고 먹을 것을 훔치다가 총에 맞아 죽는 경우도 있었습니다. 과연 미국이 그랬을까? 생각될 정도입니다. 미국 사회는 그야말로 막가는 상황으로 치닫고 있었습니다. 그러던 것이 1920년대 말과 1930년대 초입니다.

그런데 1931년부터는 그런 미국에서, 무언가 희망에 관한 이야기들이 나타나기 시작합니다. 1931년 5월에 나온 미국 신문들을 보면, 이런 기사가 크게 실린 것을 볼 수 있습니다.

주저앉기만 하던 미국 뉴욕 한가운데에, 거대한 빌딩이 우뚝 세워졌습니다. 그 시기에 엠파이어 스테이트 빌딩이 문을 연 것입니다. 그 거대한 빌딩이 우뚝 세워진 것이 하나의 신호탄이 된 듯합니다. 그 다음 해 1932년 8월에는 미국 로스앤젤레스에서 올림픽이 열렸고, 거기서 미국은 우승을 하게 됩니다. 그러면서 백성들의 신뢰를 받는 대통령이 등장하게 됩니다. 1933년 미국의 루즈벨트 대통령이 뉴딜 정책을 추진하면서, 미국 사회는 전반적으로 새로운 분위기를 맞이하게 되는 것입니다.

그러던 중에, 미국이 경제공황을 완전히 벗어나는 결정적인 사건이 일어나게 됩니다. 이차세계대전이 일어난 것입니다. 유럽대륙의 전쟁 당사국들에게는 너무나 불행한 일이지만, 대서양 건너 저 멀리 있는 미국으로서는, 이차대전이 경제공황을 벗어나는 확실한 기회가 된 것입니다. 그 이차대전을 통하여 미국은 경제공황을 완전히 벗어난 것은 물론이고, 세계를 주도하는 강대국의 위치에 서기 시작한 것입니다.

미국을 찬양하려는 것이 아닙니다. 그들이 경제공황을 어떻게 극복했는지, 앞서 간 그들의 경험을 통하여 우리도 앞을 내다보자는 것입니다. 미국의 경험에 근거해서, 이런 주장을 하고 싶습니다. "미국의 경제공황은 미국이 세계를 주도할 강대국으로 성장할 수 있는 출발 지점이 되었다."는 말씀입니다. 경제공황에서 출발한 미국은 절망을 벗어나 줄기차게 성장해서, 결국은 세계를 주도할 만한 경제력과 군사력을 갖추게 되었다는 말씀입니다.

그들의 앞서 간 경험에 비추어서, 오늘날 우리의 어려움을 해석하면

어떨까? 오늘날 우리의 이 어려움을 통하여, 이 나라 백성들의 영혼이
겸손해지고, 서로 하나된 마음으로 어려움을 극복해 가는 과정에서,
우리에게 희망을 주는 어떤 일들이 하나씩 나타나기 시작할 거라는
말씀입니다. 그러다 보면 백성들의 신뢰를 받을 만한 성직자나 정치가들이
나타나기 시작할 것이요. 그러다 보면 국제관계에서도 생각지 못한
변수들이 나타나서, 어느덧 이 나라는 강대한 나라가 되어 있을 거라는
말씀입니다. 강대국이 되어야만 그것이 하나님의 뜻이라고 말하려는 것은
아닙니다. 우리의 어려운 현실을 희망의 빛으로 해석할 믿음과 용기와
지혜를 찾으려 하는 것입니다. ✚

다시는 근심 빛이 없더라

새 시대를 열어 갈 때 닫혔던 문을 열어 갈 때 하나님의 계시가 회복되어 갈 때는, 술에 취한 듯이 기도하는 사람들이 있었습니다.

사도행전의 새 시대가 시작되면서 오순절에 성령이 임하실 때, 성령 충만한 제자들이 열심히 기도하는 것을 보면서 사람들은 "저 사람들은 새 술에 취했다."고 말했습니다. 그들이 열심히 진지하게 기도하는 모습이 술에 취한 사람들처럼 보였습니다. 술에 취한 듯이 보이는 성령 충만한 사람들이 기독교의 새 역사를 열어 간 것입니다. 그 사람들에 의하여 예루살렘과 온 유대와 사마리아와 땅 끝까지 복음이 전파되기 시작했습니다. 술에 취한 듯이 열심히 기도하던 사람들이 새 시대를 열어 갔다는 말씀입니다.

　　말씀이 희귀하고 계시가 사라진 사사시대에 술에 취한 듯이 기도하는 여인이 있었습니다. 바로 그 여인의 기도가 하늘에 상달되어 응답을 받으면서, 옛 시대는 가고 새 시대가 시작됩니다.

그 때 엘리 제사장은 한나를 보고서 술 취한 여인이라고 생각했습니다. 술 취한 여인이 성전에서 기도한다고 생각한 것입니다. 그래서 엘리는 한나에게 야단을 칩니다. 사무엘상 1장 14절 말씀은 이렇게 전하고 있습니다. "엘리가 그에게 이르되 네가 언제까지 취하여 있겠느냐 포도주를 끊으라." 엘리는 한나에게 "술을 끊으라."고 말합니다. 그러자 한나는 15절 말씀을 통하여 이렇게 대답합니다. "한나가 대답하여 이르되 내 주여 그렇지 아니하니이다. 나는 마음이 슬픈 여자라 포도주나 독주를 마신 것이 아니요. 여호와 앞에 내 심정을 통한 것뿐이오니 당신의 여종을 악한 여자로 여기지 마옵소서. 내가 지금까지 말한 것은 나의 원통함과 격분됨이 많기 때문이니이다." 엘리 제사장마저도 한나가 술에 취한 줄 알았습니다. 그 정도로 한나는 기도에 깊이 빠져 들었던 것을 알 수 있습니다. 자신의 슬픔과 원통과 격분을 하나님 앞에 다 내어 놓고서, 자신의 영혼을 하나님 앞에 물처럼 쏟아 놓고서 기도한 것입니다. 바로 그 여인의 기도로부터, 이스라엘은 새 시대를 맞이하기 시작합니다.

하나님의 성소에서 교회에서, 술에 취한 듯이 정신을 잃은 듯이 기도하는 여인이 나타나서, 자신의 슬픔과 원통과 격분을 다 쏟아 놓고 있습니다. 그 영혼을 물 쏟듯이 하나님 앞에 쏟아 내는 것입니다. 그런 한나의 모습을 보면서 엘리 제사장은 이렇게 생각합니다. "저런 기도 같으면 하나님께서 반드시 응답하실 것이다. 저렇게 자신의 영혼을 물 쏟듯 쏟아 내는 기도라면, 하나님께서 어떻게 잠잠하시겠는가?" 부패하고 타락하고 늙은 제사장이지만, 엘리도 그 정도는 알고 있는 것입니다. "저런 기도라면 하나님께서 반드시 응답하실 것이다." 17절 말씀은 이렇게 전하고 있습니다. "엘리가 대답하여 이르되 평안히 가라. 이스라엘의 하나님이 네가 기도하여 구한 것을 허락하시기를 원하노라." 이제 염려 말고 평안한 마음을 가지고 돌아가거라. 하나님께서 너의 기도에 응답하실 것이니라." 말씀이 희귀했다는 시대의 엘리 제사장도 그런 믿음을 가지고 말하는 것입니다. 그러자 기도를 마친 한나는 믿음으로 대답하면서 자기 집으로 돌아오게 됩니다. 18절 말씀은 이렇게 전하고 있습니다. "이르되 당신의 여종이 당신께 은혜 입기를 원하나이다 하고 가서 먹고 얼굴에 다시는 근심 빛이 없었더라."

술에 취한 듯이 열심히 기도한 한나는 기도를 마치고 성소를 떠나옵니다. 그리고 다시는 원통하지 않았고, 다시는 그 일로 격분하지 않았습니다. 그 얼굴에 근심하는 빛도 다 사라졌습니다. 이제는 하나님의 계시가 나타나기를 기다릴 뿐입니다. 인간으로서 한나가 할 수 있는 일은 더 이상은 없는 것입니다. 이제 생명의 문을 여시는 것은 하나님의 뜻입니다. 희귀했던 말씀이 회복되는 것은 하나님의 뜻입니다. 사라진 계시가 다시 나타나는 것도 이제는 오직 하나님께 달린 것입니다.

> 원통하고 격분하던 한나는 기도할 수밖에 없었습니다. 하나님의 성전을 찾아서, 교회를 찾아서 열심히 기도할 뿐입니다. 남들이 술에 취했다고 말하든 무언가에 홀렸다고 말하든 간에, 나는 그저 정신을 잃은 듯이 기도할 뿐입니다. 사람들이 무슨 말을 하든 간에, 나에게 남은 길은 하나밖에 없기 때문입니다.

하나님께서 오랫동안 닫혔던 생명의 문을 열어 주셔야 합니다. 희귀했던 말씀의 문이 열리고, 계시의 문이 열려야만 합니다. 그래서 한나는 하나님의 성전을 찾아서 술에 취한 듯이 열심히 기도합니다. 기도하던 중에 원통과 격분은 사라지고, 그 얼굴에서 근심의 빛은 다 사라졌습니다.✚

권위 있는 새 교훈이로다

예수님께서 가버나움의 회당에서 가르치셨습니다. 그런데 마가복음 1장 22절 말씀은, 예수님의 가르침은 권위가 있어서, 서기관들과 같지 않았다고 합니다.

"이는 권위있는 새 교훈이로다." 예수님의 가르침과 서기관의 가르침은 도대체 어떻게 달랐기에, "권위있는 새 교훈"이라고 말하는 것인가?

예수님의 가르침과 서기관들의 가르침은, 두 가지 점에서 서로 달랐습니다.

첫째, 예수님께서는 구약성경의 말씀을 인용하면서, 하나님의 말씀을 가르치십니다. 그런데 서기관들은 공부를 많이 해서 유식한 사람들입니다. 유식하기보다는 유식하고 싶어하는 사람들입니다. 그래서 그들은 하나님의 말씀을 곧바로 가르치기보다는, 위대한 율법학자의 이야기나 랍비들의 가르침이나 이런 저런 학문적인 이야기들을 전하려고 애를 씁니다. 오늘날 많은 교회에서, 유식한 이야기나 재미있는 이야기를 전하느라고 정작 하나님의 말씀은 소홀히 하는 그런 경우와 비슷한 것입니다.

그 시절에도 대중적인 인기를 의식하는 포퓰리즘(populism) 같은 것이 있었는지, 서기관들이 말씀을 가르치는 것은 그런 방식이었습니다. 당장에는 사람들이 재미있어 하는데, 그게 결국은 인간과 세상과 지식의 이야기로 끝나고 말았습니다. 그러니까 그런 가르침을 통해서, 살아 계신 하나님의 능력이 나타날 리가 없습니다.

예수님께서는 가끔 비유를 들기는 하셨지만, 항상 하나님의 말씀을 전하십니다. 그리고 말씀을 전하실 때마다 그 말씀은 살아 있어서 사람들의 마음을 움직입니다. 말씀으로 인하여 변화가 나타납니다. 하나님의 능력이 실제로 나타나는 것입니다. 그래서 예수님의 가르침은 서기관들의 가르침과는 다른 것입니다.

둘째, 예수님의 가르침이 서기관들과 분명히 다르다는 것을, 더러운 귀신들이 나타나서 증거하기 시작합니다. 서기관들이 가르칠 때는 아무런 소식이 없던 귀신들입니다. 그런데 예수님께서 하나님의 말씀을 전하시고 하나님의 능력이 나타나는 동안에, 더러운 귀신들은 더 이상 견디지 못하고 소리치기 시작합니다. 마가복음 1장 23절과 24절 말씀은 이렇게 전하고 있습니다. "마침 그들의 회당에 더러운 귀신들린 사람이 있어 소리

질러 이르되 나사렛 예수여 우리가 당신과 무슨 상관이 있나이
까? 나는 당신이 누구인 줄 아노니 하나님의 거룩한 자니이
다.” 마침 그 회당에 더러운 귀신들린 사람이 있었습니다. 그
사람을 통하여 귀신이 회당 안에 들어온 것입니다.

회당은 하나님의 집인데 어찌 하나님의 집 안에 귀신이 들어
오는가? 귀신이 원하는 일은 사단이 원하는 일은, 우리를 하나
님 반대편으로 이끌어 가는 것입니다. 사단이 원하는 일은 하나
님의 교회가 올바로 서지 못하게 하는 것입니다. 그러니까 귀신
이 가장 많은 관심을 가지고 있는 것은 바로 교회의 일이라고
생각됩니다. 교회가 올바로 서지 못하면, 하나님의 말씀이 올바
로 전파되지 못할 것이요. 그러면 이 세상은 언제까지나 어두움
의 권세 아래 있게 될 것입니다. 그러니까 사단의 앞잡이인 귀
신은 회당이나 교회에 관심이 많을 수밖에 없는 것입니다.

서기관들이 유식한 가르침을 전할 때는 아무 말도 없던 귀신
들입니다. 서기관들의 가르침은 귀신들에게 아무런 영향도 미
칠 수가 없었습니다. 그런데 예수님께서 말씀을 전하시고 하나
님의 능력이 나타나면서, 더러운 귀신들은 두려움에 떨기 시작
합니다. 그러면서 귀신들은 이렇게 소리를 지릅니다. “당신은
우리를 멸하러 오셨나이까?” “우리 귀신들은 이미 당신에 대해
서 알고 있습니다. 당신은 하나님의 아들이십니다.” 귀신들은

메시야이신 예수님에 대하여 이미 알고 있는 것입니다. 그래서 귀신들은 두려움에 떨면서 소리를 지르는 것입니다. 그 때 예수님께서는, 귀신들을 꾸짖으십니다. 25절 말씀은 이렇게 전하고 있습니다. "예수께서 꾸짖어 이르시되 잠잠하고 그 사람에게서 나오라."

하나님의 말씀과 하나님의 능력으로 귀신이 쫓겨 가면서 사람들은 놀라면서 소리칩니다. "이 어찌된 일인가? 예수님의 가르침은 권위가 있는 새 교훈이로다." "바로 그 새 교훈으로부터 신약성경의 새로운 시대가 열리기 시작합니다. 예수 그리스도의 몸 된 교회는 그 새 교훈에 근거해서 온 세상 땅 끝을 향하여 계속 세워져 가는 것입니다.✚

얍복강가의 기도 I

옛날 중동지방에서 광야나 사막을 지나는 대상(隊商)들은, 어려움에 대비하여 자기 일행을 두 떼로 나누어서 진행하는 경우가 있었습니다. 먼저 가던 팀이 공격을 당하면, 뒤따라가던 팀은 그 동안에 피하려는 것입니다. 야곱은 자신의 가족과 소유를 그렇게 두 떼로 나누었습니다. 먼저 가던 팀이 공격을 당하면, 뒤에 가던 팀은 그 동안에 피신할 수 있기 때문입니다.

야곱은 앞으로 갈 수밖에 없습니다. 고향으로 돌아가야만 하는 것입니다. 그래서 야곱은 자신이 할 수 있는 모든 일을 열심히 합니다. 형의 마음을 풀기 위하여 자신의 소유 중에서 좋은 가축들을 선물로 떼어 놓습니다. 그리고 종들을 시켜서 그 선물을 에서에게로 전하는 것입니다.

야곱은 그 과정에서도 지혜를 발휘합니다. 선물을 여러 떼로 나누어서 에서에게 보내는 것입니다. 에서가 처음 가축 떼를 발견해서, "이것이 누구의 가축들인가?" 하고 물으면, 야곱의 종들은 대답하기를, "예! 이 가축들은 당신의 동생 야곱이 그의 형 에서에게 보내는 것입니다." 그렇게 한 번만 하는 것이 아니라, 두 번 세 번 여러 번 그렇게 하도록 시켰습니다. 가축들을 여러 떼로 나누어서 보내는 것입니다. 그러면서 야곱은 그 종들에게 명령하기를, 형 에서를 만나면 반드시 이런 말을 하도록 시켰습니다. "당신의 동생 야곱은 형인 당신을 주인처럼 섬기려고 합니다. 야곱이 형과 경쟁하려고 돌아온 것이 아닙니다. 당신의 동생으로서 당신을 섬기려고 돌아오는 것입니다." 그 점을 강조하도록 야곱은 종들에게 철저히 가르칩니다. 그렇게 해서라도 에서의 마음을 풀려고 하는 것입니다. 그렇게 하고나서 야곱은 그의 가족들과 그의 소유된 가축들 모두를 앞서 보냅니다. 얍복강을 건너게 하는 것입니다.

형 에서가 어떻게 나오더라도, 야곱과 그의 가족은 앞으로 가야만 합니다. 이제 뒤로 돌아갈 수는 없는 것입니다. 그래서 야곱은 한밤중에, 가족들과 모든 소유를 앞서 보냅니다. 그리고 야곱은 강 이편에 홀로 남았습니다. 창세기 32장 22절부터 24절까지 말씀은 이렇게 전하고 있습니다. "밤에 일어나 두 아내와 두 여종과 열한 아들을 인도하여 얍복 나루를 건널 새 그들을 인도하여 시내를 건너가게 하며 그의 소유도 건너가게 하고 야곱은 홀로 남았더니……." 가족들과 모든 소유를 건너가게 했습니다. 내일쯤이면 사백 명의 군사를 거느린 에서가 도착할 텐데……. 그 밤중에 야곱은 가족들 모두로 하여금 강을 건너게 합니다. 그의 모든 소유도 강을 건너게 합니다. 그러고 나서 야곱은 강 이편 어느 곳엔가 홀로 남아 있습니다. 그 한밤중에, 강 이편에 얍복강가 어딘가에 홀로 남아 있는 것입니다.

왜 그랬을까요? 나 혼자만 안전하게 강 이편에 남으려고 했을까요? 그렇지 않습니다. 그 반대라고 생각하는 것이 옳습니다. 이제 야곱은 앞으로 갈 수밖에 없습니다. 형 에서가 어떻게 나오든 간에, 야곱은 약속의 땅으로 돌아갈 수밖에 없는 것입니다. 야곱이 그 한밤중에 사랑하는 가족들 모두를 강 건너편으로 보낸 것은, 바로 그런 의지를 나타낸 것입니다. "우리 모두가 약속의 땅으로 가야만 한다." 그래서 그는 가족들로 하여금 한밤중에 강을 건너게 했습니다. 그러고 나서 야곱은 홀로 강 이편에 남아서, 하나님과의 마지막 담판을 하려는 것입니다. 이제 그 유명한 얍복강가의 기도가 시작됩니다.

"여호와 하나님!" "하나님께서 저에게 그렇게 말씀하시지 않으셨습니까? 이제는 네 고향으로, 약속의 땅으로 돌아가라고 하지 않으셨습니까? 이 모든 것이 하나님의 뜻을 이루고자 하신 것이 아닙니까? 이 부족한 종이 약속의 땅으로 돌아오는 것이 하나님의 뜻이 아닙니까? 그런데 저가 약속의 땅으로 돌아오는 이 순간에, 반드시 해결되어야 할 과제가 있는 것을 하나님께서도 잘 아시지 않습니까? 저의 형 에서와의 문제를 어떻게 하시겠습니까? 이 문제가 해결되지 않는 한, 저는 약속의 땅으로 돌아갈 수 없지 않습니까? 지금 우리를 향하여 가까이 다가오는 형 에서와 그 사백 명의 군사를 어떻게 해야 합니까? 저로서는 이 문제를 해결할 능력이 없나이다. 여호와 하나님이시여!”

기도하는 중에, 성령이 충만하면 믿음과 소망과 용기가 충만해집니다. 그러나 당장의 현실과 에서를 생각하면……. 힘센 사냥꾼 에서, 그때 분노했던 에서, 지금도 사백 명을 거느리고 다가오는 에서를 생각하면……. 야곱은 절망과 두려움에 휩싸입니다. 바로 그 둘 사이에서, 야곱은 밤새 씨름하는 것입니다. 야곱은 자신의 영혼으로부터 염려와 근심과 두려움과 좌절과 절망을 다 몰아낼 때까지, 여호와 하나님을 부르며 열심히 기도하는 것입니다. ✛

얍복강가의 기도 II

형이 아닌 동생 야곱을 언약의 후손으로 삼으신 하나님을 생각하면, "이제는 고향으로 돌아가라."고 말씀하신 하나님을 생각하면, 언약의 말씀을 반드시 이루시는 하나님을 생각하면, 야곱에게는 믿음과 소망이 생겨납니다. 그런데 당장 내일이면 다가올 에서와 사백 명의 군사를 생각하면, 야곱의 마음은 믿음을 잃고 주저앉을 듯합니다.

그렇게 밤새 기도하며 씨름하는 중에, 야곱의 영혼은 믿음과 용기와 소망으로 충만해집니다. 불안과 두려움과 좌절은 다 물러간 것입니다. 그렇게 열심히 기도하는 동안에, 하나님께서는 성령으로 임하셔서 야곱의 영혼을 주장하시고 야곱의 모든 것을 다스리십니다. 그러고 나서 야곱은 하나님께로부터 "이스라엘"이라는 이름을 받은 것입니다. 이스라엘이라는 이름은, "하나님과 겨루어 이겼다."는 뜻입니다. 어두움과 두려움에 붙잡혀 쓰러지지 않았다는 것입니다. 하나님을 붙들고 싸워서 마침내 두려움과 절망을 다 이겨 내었다는 의미입니다. 어두움의 권세가 그를 다스리는 것이 아니라 하나님께서 야곱을 강하게 붙들고 계시다는 말씀입니다.

그 얍복강가에 아침 해가 떠오르고 새 날이 밝아 옵니다. 기도를 마친 야곱은 이제 얍복강을 건너 자신의 가족들에게로 갑니다. 그리고 한참을 기다린 후에, 저 멀리서 다가오는 에서와 사백 명의 군대를 담대하게, 그렇지만 겸손하게 맞이합니다. 하나님께서는 야곱의 기도에 응답하사 화평을 주셨습니다. 에서와 야곱은 형제임을 확인하면서 다시 만나게 됩니다. 그리고 하나님의 뜻은 계속 이루어져 가는 것입니다.

> 야곱의 기도, 얍복강가의 기도는, "야곱의 영혼이 무엇을 선택할 것인가?" 그것을 결정하는 기도입니다. 야곱의 영혼이 무엇에 의하여 지배를 받게 될 것인가? 그 영혼의 주인은 누구인가? 하나님이 그 영혼의 주인인가? 아니면 이 세상 어두움의 권세가 그 영혼의 주인인가? 그것을 결정하는 영적 전쟁이 바로 얍복강가의 기도인 것입니다. 야곱은 천사와 씨름하듯이 밤새 열심히 기도함으로써, 그 영적 전쟁에서 승리자가 됩니다. 그래서 하나님께서는 야곱에게 이스라엘이라는 이름을 주신 것입니다.

이 세상을 살아가는 인간들에게 수시로 다가오는 염려와 근심과 불안과 두려움을 다 물리친 것이 바로 얍복강가의 기도입니다. 열심히 싸우듯이 씨름하듯이 기도하는 중에, 내 마음으로부터 염려와 근심과 두려움은 다 물러가고, 내 영혼에 믿음과 소망과 용기와 기쁨이 충만해지는 체험적인 기도가 바로 얍복강가의 기도인 것입니다.

예수 믿는 사람을 보고서 이스라엘 백성이라고 부를 때가 있습니다. 그렇다면 우리 모두는 이스라엘 백성들인 것입니다. 그런데 그 이스라엘은 밤새 열심히 악착같이 기도해서, 두려움과 어두움의 권세를 물리친 기도의 용사입니다. 그래서 하나님께서는 야곱에게, "네가 하나님을 이겼구나"라는 의미에서 이스라엘이라는 이름을 주신 것입니다.

그 이름을 따라서 여러분들께서도 열심히 기도하시기 바랍니다. 내 마음속에서 염려 근심 불안 두려움이 다 사라질 때까지, 성령의 도우심을 구하면서 열심히 기도하시기 바랍니다. 각자 자신에게 주어진 얍복강가에서 무릎을 꿇고 밤새 열심히 기도하시기 바랍니다. 기도하는 중에, 불가능하게만 보이던 문제들이 해결받는 얍복강가의 체험을 하시기 바랍니다. 그것이 우리를 향한 하나님의 뜻입니다.

많은 어려움들이 있는데 우리의 영혼은 어느 때보다 힘이 없습니다. 이럴 때일수록 여러분들께서는 앞으로 나아가시되, 그 밤에 기도하던 야곱처럼 열심히 기도하시기를 바랍니다. 열심

히 밤새 기도하는 중에, 모든 어려움 두려움들이 다 물러가는 승리하는 삶을 살아가시기를 기원합니다. ✚

'기적과 계시'에 대하여

성경 전체의 흐름을 보면, 인간의 마음이 하나님의 마음에 가까이 다가가는 것을 구원이요 믿음이라고 말하는 듯합니다. 인간의 생각이 하나님의 생각을 깨닫고 믿기 시작하는 것을 의미합니다. 성경 말씀에 많은 기적들이 나오는 것은 바로 그 일을 위한 것입니다. 사람들이 자기 생각을 버리고 하나님의 뜻을 따르게 하는, 그런 일을 위하여 기적이 나타납니다. 그러니까 기적 자체가 최종적인 목표는 아닌 것입니다.

많은 기적을 체험하고 놀라운 은사를 지닌 사람이라 해도 그가 하는 말이나 행동이 안 믿는 사람과 다를 바가 없다면, 그런 사람들이 말하는 기적은 그렇게 놀라운 것이 아닙니다. 그런 사람에게 있어서 기적은 마술사의 기적과도 같은 것입니다. 마술사가 하는 일은, 사람들의 눈을 속이든 어떻게든 해서든간에 기적 같은 일을 만들어 내는 것입니다. 기적 그 자체가 최종적인 목표가 되는 것입니다.

그런데 우리 기독교인들에게 있어서 기적은 기적 자체가 최종적인 목표가 되는 것이 아닙니다. 놀라운 기적을 체험하는 동안에 인간의 생각을 부인하면서 하나님을 바라보게 된다는 데 기적의 중요한 의미가 있는 것입니다. 그러니까 성경에 나오는 중요한 기적들은 인간의 생각을 넘어서 하나님의 뜻을 가리킨다는 말씀입니다. 인간으로 하여금 죄악과 잘못을 깨닫게 해서 올바른 길로 돌이키게 하려고 기적이 나타납니다. 희망과 용기를 잃어버린 인간으로 하여금 믿음과 용기를 가지고 앞으로 나아가게 하려고 기적을 허락하시기도 합니다.

홍해가 갈라진 기적이 구약성경의 대표적인 기적일 것입니다. 거대한 바다가 갈라져서 그 한가운데로 길이 생긴 것입니다. 바다가 갈라졌다는 초자연적인 사건 자체가 중요하지만, 성경 전체의 흐름을 생각하면 기적의 의미도 그만큼 소중하게 생각됩니다.

우리가 인생을 살다 보면 이런 경우가 있습니다. 앞으로 가긴 가야 하는데 길이 안 보입니다. 그렇다고 해서 이대로 머물러 있을 수는 없고, 이럴 수도 없고 저럴 수도 없는 상황이 우리 인생에 수없이 나타납니다. 홍해의 기적은 바로 그런 사람들에게 필요한 기적입니다. 길이 안 보이는 이 세상 거친 바다 한가운데로 길이 열리는 것이 홍해의 기적인 것입니다. 그렇다면 홍해의 기적은 우리 모두에게서 수시로 일어나야 하는 기적입니다.

홍해의 기적 말고도 아주 중요한 기적이 있습니다. 이삭이 탄생한 기적입니다. 나이가 많이 들어서 백 세가 된 할아버지와 그의 할머니 사이에서 아기가 태어난 기적입니다. 아브라함과 사라가 아이를 낳았습니다. 정상적인 생각으로는 전혀 불가능한 상황에서, 고귀한 생명이 탄생한 것입니다. 우리가 살아온 과거를 돌이켜 생각하면, 그런 기적들이 한두 번 일어난 것이 아닙니다. 만일에 그런 기적적인 일들이 없었다면 나의 사업과 우리의 인생과 인간의 역사는 이미 다 끝이 났을 것입니다. 불가능한 상황 속에서 새 생명이 탄생한 그런 기적들이 있었기에, 오늘날 나의 사업과 인생과 인간의 역사가 이만큼 살아 있는 것입니다.

또 이런 기적도 있습니다. 내 인생에는 더 이상 소망이 없다고 생각했는데 이미 다 끝난 인생인데, 하나님께서는 그런 사람을 부르신 것입니다. 아브라함이 하나님의 말씀을 받은 것은 그가 75세 된 노인이었을 때입니다. 오늘날 우리의 방식으로 간단히 말하면, 아브라함은 75세부터 교회를 다니기 시작한 것입니다. 그때부터 말씀을 듣고 배우고 실천하는 신앙생활을 시작한 것입니다. 그러니까 우리가 보기에 아브라함은 모든 것이 다 끝난 그 때부터 다시 새롭게 시작한 셈입니다. 그게 바로 아브라함에게서 일어난 기적인 것입니다.

그리고 또 한 가지 아주 중요한 기적이 있습니다. 유월절의 기적입니다. 많은 애굽 사람들은 그 밤에 생명을 잃고 말았는데 나는, 우리는 이렇게 살아남아서 하나님께 예배드리며 찬양하며 기도하며 살아 있는 것입니다. 그들은 모두가 그 밤에 생명을 잃었는데 나는 이렇게 살아남았습니다. 그런 기적들 때문에 오늘날 우리가 이렇게 살아갈 수 있는 것입니다.

거대한 바다가 갈라져서 그 가운데로 길이 열리는 기적이 있습니다. 생명을 기대할 수 없는 가운데서 하나님께서는 새 생명을 주셨습니다. 이미 다 끝난 인생인데, 하나님께서는 그때부터 다시 시작하게 하셨습니다. 그 많은 사람들은 다 쓰러지고 사라지고 말았는데, 나는 아직 하나님과 사람들 앞에 살아남아 있는 것입니다.

그런 기적들을 체험하고 깨닫고 믿는 동안에 우리의 마음이 하나님을 향하여 보다 더 가까이 나아가게 됩니다. 성경적인 기적은 우리를 하나님께로 가까이 나아가도록 이끌어 가는 것이요. 하나님을 의지하여 세상을 살아가도록 믿음을 주는 것입니다. 그것이 성경적인 기적이 의도하는 것입니다. 그런 기적들을 통하여 하나님께서는 우리 인간들에게 하나님을 알게 하십니다. 우리 인간들에게 하나님 자신을 나타내시는 것입니다. 그것을 일컬어서 계시라고 부릅니다. 우리 인간들에게 하나님

자신을 알리시는 것이 계시오, 그런 사건들을 일컬어서 계시 사건이라고
부릅니다.

특별한 기적이 없어도 계시는 주어질 수 있습니다. 어느 날
생각지 못한 시간에 서늘한 바람이 불어오듯이, 내 마음 속으
로 믿음이 들어옵니다. 전에는 생각지 못했던 말씀과 깨달음이
내 마음속에 깊은 감동을 일으킵니다. 전에는 자꾸 들어도 무
슨 말인지 몰랐는데 언제부턴가 하나님의 말씀을 분별할 수 있
는 귀가 열렸습니다. 그런 모든 것들이 계시적인 사건에 해당
합니다. 남들은 모르겠지만 나는 알 수 있는 체험적으로 다가
오는 계시 사건인 것입니다. ✚

너희는 그의 말을 들으라

현대인들 특히 젊은이들의 특징 중에 이런 점이 있습니다. 개성이 강하고 자기표현이 강하다는 것입니다. 공동체적인 생각보다는 개인의 권리나 한 사람 한 사람의 개성을 중요하게 생각하는 것입니다. 특히 젊은이들은 자기를 부인하기보다는 자신을 나타내려 하고 자신을 표현하려고 합니다.

가족이나 교회나 공동체를 위해서 나를 낮추고 나를 희생하려는 사람은 찾아보기 어렵습니다. 그런 일을 위해서 기도하는 사람들은 점점 줄어들어 갑니다. 극단적인 경우에 남을 희생시키더라도 나는 살려고 합니다. 내가 다니는 회사의 흥망성쇠가 나 개인의 행복과 큰 상관이 없습니다. 회사가 개인을 대하는 자세도 예전과는 많이 달라졌습니다. 서로가 서로를 위하여 존재하기보다는 적당한 선에서 서로를 활용하거나 이용하다가, 더 이상 필요가 없어지면 서로의 관계도 끝이라는 방식으로 아주 메마르게 변해 가는 것입니다. 그러니까 우리 시대의 분위기는, 서로를 위하여 희생한다든가 공동체적인 가치를 앞세운다든가 하는 생각과는 다른 방향으로 가고 있는 것입니다.

그런데 마가복음 8장 35절 말씀은 이렇게 전하고 있습니다. "누구든지 자기 목숨을 구원하고자 하면 잃을 것이요. 누구든지 나와 복음을 위하여 자기 목숨을 잃으면 구원하리라." "누구든지 자기 목숨을 구원하고자 하면 잃을 것이요." 누구든지 자신의 구원과 자신의 인생을 위하여 악착같이 살아간다고 해서, 그렇게 해서 구원을 받는 것이 아니라고 합니다. 그렇게 해서 행복하게 되는 것이 아니라는 말씀입니다. 오직 나 자신만을 위하여 그런 인생을 살아간다면, 결국에는 아무 것도 남겨진 것이 없을 것이라는 말씀입니다.

"누구든지 나와 복음을 위하여 자기 목숨을 잃으면 구원하리라." "누구든지 나와 복음을 위하여, 예수 그리스도와 복음을 위하여 목숨을 잃으면 구원하리라."

그 말씀은 제자들을 당황하게 합니다. 제자들은 예수님만 열심히 쫓아다니다 보면, 모든 문제가 다 해결되리라 생각합니다. 그런데 정작 중요한 순간에 가서 예수님께서는 이상한 말씀을 하십니다. 십자가를 말씀하신 것입니다. 예수님 자신이 예루살렘에서 고난을 받고 버림을 받아서 죽게 될 것이라고……. 그리고 나서 사흘 만에 다시 살아나게 될 것이라고 가르치셨습니다. 그런 말씀을 들었을 때, 제자들은 상당히 당황스러웠습니다. 마가복음 8장 32절 말씀을 보시면 그 당시에 베드로는 "예수님을 붙들고 항변했다."고 합니다. 그러니까 제자들은 십자가에 대한 말씀은 이해할 수 없었고 받아들일 수도 없었습니다. 그런데 예수님께서는 십자가에 대한 말씀을 가르치셨고, 그 말씀을 깨닫게 하려고 애를 쓰십니다. 그러는 중에 예수님께서는 베드로와 야고보와 요한을 데리시고 높은 산으로 올라가셨습니다.

마가복음 9장 2절 말씀은 이렇게 전하고 있습니다. "엿새 후에 예수께서 베드로와 야고보와 요한을 데리시고 따로 높은 산에 올라가셨더니 그들 앞에서 변형되사……." 예수님께서는 제자들을 데리고 변화산에 오르신 것입니다. 이제 눈앞에 다가온 십자가를 넘어 부활하시게 되면 모든 것은 변화될 것입니다. 바로 그 십자가와 부활을 통하여 다가올 변화를 사전에 분명하게 전하는 말씀이 바로 변화산의 말씀인 것입니다.

그 변화산에서 예수님께서는 모세와 엘리야와 함께 대화를 나누십니다. 베드로와 야고보와 요한은 그들의 눈으로 분명히 모세와 엘리야를 지켜보았습니다. 그리고 제자들은 그 변화산에서, 하늘로부터 들려오는 하나님의 음성을 듣기도 했습니다. 변화산에서 들려온 하나님의 음성은, 그 제자들에게 십자가의 복음을 믿게 하려는 것입니다. "너의 스승 예수께서 너희에게 가르치신 그 말씀을 깊이 새겨들어라……. 너희들의 생각대로 하지 말고, 예수님께서 전하신 말씀을 따르도록 하라." 마가복음 9장 7절 말씀은 이렇게 전하고 있습니다. "마침 구름이 와서 그들을 덮으며 구름 속에서 소리가 나되 이는 내 사랑하는 아들이니 너희는 그 말을 들으라……."

제자들이 서 있는 변화산에 구름이 덮이더니, 구름 속에서 하나님의 음성이 들려옵니다. "이는 내 사랑하는 아들이니 너희는 그의 말을 들으라." 변화산에서 제자들은 하늘로부터 내려오는 하나님의 음성을 들은 것입니다. "너희는 그의 말을 들으라. 너희는 나사렛 예수의 말을 들으라. 그가 전하는 십자가의 말씀을 깊이 새겨들어라." ✚

에바다

마가복음 7장 34절 말씀은 이렇게 전하고 있습니다. "하늘을 우러러 탄식하시며 그에게 이르시되 에바다 하시니 이는 열리라는 뜻이라."

"하늘을 우러러 에바다 하시니 이는 열리라는 뜻이라. 하늘을 우러러 에바다 하며 기도하시니, 그 사람의 귀가 열리기 시작합니다. 그리고 말을 더듬던 혀는 이제 분명히 말을 하는 혀로 바뀌기 시작합니다. 그 에바다를 따라서 귀가 열리고 입술이 열린 것입니다.

여러분께서는 신약성경의 처음인 마태복음 1장 1절 말씀을 기억하실 것입니다. "아브라함과 다윗의 자손 예수 그리스도의 계보라." 그 말씀 안에 아브라함이 나타나고 다윗이 나타나고 그리고 예수 그리스도께서 나타나십니다. 그런데 그 세 이름을 중심으로 이스라엘 역사를 이렇게 구분할 수 있습니다. 아브라함은 시작을 의미합니다. 하나님께서 아브라함에게 약속의 말씀을 주사, 하나님의 길을 걷게 하셨습니다. 그렇게 시작된 언약의 역사가 많은 고난과 연단을 거친 후에 다윗의 시대에 와서 강력하고 찬란한 이스라엘 왕국을 건설하게 됩니다. 다윗의 시대에 와서 이스라엘은 가장 강성한 나라가 된 것입니다. 다윗의 시대에 이스라엘이 가장 강력한 나라였다면 다윗 이후에는 어쩔 수 없이 서서히 쇠퇴해 갈 수밖에 없었습니다.

아브라함과 다윗의 자손 예수 그리스도의 계보라. 중간에 많은 고난과 연단이 있었다 해도 아브라함부터 다윗까지는 문이 열려 가는 과정인 것이 분명합니다. 늙은 할아버지 아브라함에서 시작해서 결국은 창대한 다윗의 나라를 이루었으니까, 그 역사는 문을 열어 간 역사라는 말씀입니다. 그래서 다윗 시대에 하나님의 백성들은 가장 강력한 나라를 세운 것입니다. 그런데 다윗 이후에는 그 나라가 서서히 주저앉기 시작합니다. 믿음이 서서히 식어지면서 나라가 주저앉고 백성들의 영혼도 힘을 잃어 갑니다. 그러니까 다윗까지 활짝 열렸던 문이, 이제는 서서히 닫혀 가는 것입니다.

그렇게 천 년의 세월이 흘렀을 때, 그래서 예수 그리스도의 시대에 가까이 왔을 때, 거의 모든 문이 닫히고 말았습니다. 이제는 선지자다운 선지자도 나타나지 않습니다. 그나마 회개하라는 말씀을 올바로 전하는 선지자도 찾아볼 수 없습니다. 그렇게 문이 다 닫힌 상황에서 하나님의 아들 예수 그리스도께서 이 땅을 찾아오신 것입니다. 그리고 문이 닫힌 시대에 예수 그리스도께서는 입술이 닫히고 귀가 닫힌 불쌍한 한 인간을 붙드사 하늘을 우러러 탄식하시며 기도하십니다.

예수께서 탄식하시며 하늘을 우러러 에바다 하시니 이는 열리라는 뜻이라.

"입술이 닫혀서 할 말을 못 하는 이 사람의 입술을 여시옵소서.""귀가 있어도 듣지 못하는 이 사람의 귀를 여시옵소서.""앞으로 가야 하는데, 내 앞에 닫힌 문을 열 수가 없어서 애통하는 이 시대, 이 백성들의 닫힌 문을 여시옵소서." 그러면서 하늘을 우러러 에바다 하시니……. 이는 열리라는 뜻이라. 에바다 하는 탄식의 기도가 하늘 문을 열기 시작합니다. 닫혔던 입술과 귀가 열려서, 입술은 말을 하고 귀는 말씀을 듣기 시작합니다. 그렇게 열리면서 새로운 시대의 문이 열리기 시작하는 것입니다. 닫혔던 현실은 미래를 향하여 소망의 문을 열기 시작하는 것입니다. 물질과 현실에 매여 살다가 닫혀 버린 영혼의 문들이 열리기 시작합니다. 세상과 인간만 바라보던 우리의 마음이, 이제는 하나님을 향하여 열리기 시작하는 것입니다.

예수님을 따라서 우리도 하늘을 우러러 탄식하면서 에바다를 외치는 동안에 우리의 입술이 열리고 귀가 열리며, 이제까지 닫혀 있던 모든 문들이 넓게 열리기를 기원합니다. ✛

주의 손이 함께 하시매

사도행전 11장 19절과 20절 말씀은 이렇게 전하고 있습니다. "그 때에 스데반의 일로 일어난 환난으로 말미암아 흩어진 자들이 베니게와 구브로와 안디옥까지 이르러 유대인에게만 말씀을 전하는데……. 그 중에 구브로와 구레네 몇 사람이 안디옥에 이르러 헬라인에게도 주 예수를 전파하니……." 스데반의 순교와 아울러 예루살렘 교회에는 대대적인 박해가 일어납니다. 그 박해로 말미암아 기독교인들이 유대 땅을 넘어 여기저기 흩어졌습니다. 그렇게 이방인의 땅으로 흩어진 사람들이 처음에는 그 땅에 사는 유대인들에게만 복음을 전했는데……. 그러다가 얼마 없어서 안디옥에서 헬라 사람들에게도 주 예수를 전파했다고 합니다. 스데반의 순교로 말미암아 흩어진 사람들이, 헬라어를 사용하던 기독교인들이 헬라인들에게 이방인들에게 복음을 전파하기 시작한 것입니다. 스데반은 순교했지만 살아남은 스데반의 동료들이 안디옥에서 이방인들에게 복음을 전파하기 시작했다는 말씀입니다.

스데반이 순교할 때 현장에서 스데반의 처형을 결정하고 지휘한 듯한 사람이 바로 사울입니다. 나중에 사도바울이 된 사울은, 스데반의 처형에 있어서 결정적인 책임이 있는 것입니다. 왜 그렇게 말할 수 있는가? 스데반의 순교를 전하는 사도행전 말씀에서, 사울 이외에 다른 사람의 이름은 나타나지 않습니다. 그런데 사도행전 8장 1절 말씀은 이렇게 전하고 있습니다. "사울이 그가 죽임 당함을 마땅히 여기더라." 사울이 스데반의 순교를 당연한 일로 생각했다는 것입니다. 그러니까 사울은 스데반을 직접 처형한 것이나 마찬가지라는 말씀입니다.

그런데 스데반의 순교는 후세의 기독교인들에게 가장 모범적인 순교 장면을 보여 줍니다. 스데반은 순교 당시에 성령이 충만했다고 합니다. 성령 충만한 가운데 스데반은 사울을 위하여 기도한 것으로 나타납니다. 사도행전 7장 10절 말씀은 이렇게 전하고 있습니다. "주여 이 죄를 그들에게 돌리지 마옵소서. 이 말을 하고 자니라." 스데반은 순교 당시에 자신을 핍박하고 처형하려는 사울과 그 일당을 위하여 기도했다는 말씀입니다. 그렇게 스데반이 순교한 후에 스데반의 성령 충만한 모습은 사울의 영혼 속에 깊숙이 새겨지고 말았습니다.

"그가 처형당한 것은 당연한 일이다." 사울은 그렇게 생각하면서도 고심할 수밖에 없습니다. 최후의 순간에 그런 얼굴을 하고서 오히려 나를 위하여 기도하던 그 스데반을 어떻게 생각해야 하는가? 사울은 그런 생각을 떨쳐 버릴 수가 없는 것입니다. 그러다가 결국 사울은 다메섹 도상에서 회심하여 사도바울이 되었습니다.

사도바울이 된 사울이 외치던 복음은 스데반이 외치던 복음과 똑같은 것입니다. 유대 율법을 받아들이면서 예루살렘과 전통을 지키던 사도들은 박해를 당하지 않았고 순교 대상이 되지도 않았습니다. 그런데 스데반은 박해의 대상이 되었고 순교의 대상이 되었습니다. 그가 전하던 복음의 내용이 박해의 대상이 된 것입니다. 어두움의 권세는 스데반을 가장 큰 원수로 지목했다는 말씀입니다. 그래서 스데반은 순교하고 말았습니다. 그 스데반의 순교를 직접 지휘했던 사울은 다메섹 도상에서 회심하게 됩니다. 회심한 사울은 사도바울이 되었고, 사도바울이 전하는 복음은 스데반의 복음과 내용이 같은 것입니다.

스데반의 순교 이후에 온 세상에 흩어졌던 스데반의 동료들은 안디옥에서 다시 만나게 됩니다. 그리고 바로 그 안디옥에서 그들은 헬라인들에게 복음을 전하기 시작한 것입니다. 사도행전 11장 21절 말씀은 이렇게 전하고 있습니다. "주의 손이 그들과 함께 하시매 수많은 사람들이 믿고 주께 돌아오더라.""주의 손이 그들과 함께 하시매……." 스데반의 동료들이 헬라인들에게 복음을 전하는데 주의 손이 함께 하셨다고 합니다. 주님의 일하시는 손이……. 성령의 역사가 스데반의 동료들에게 나타나서. 그들이 복음을 전하면 많은 헬라사람들이 마음을 열고서 받아들였다는 것입니다. 그렇게 해서 안디옥은 기독교인들의 도시로 변화되기 시작합니다. 바로 그 안디옥에서 크리스천이라는 이름이 가장 먼저 생겨난 것입니다. 그래서 안디옥은 온 세상 땅 끝을 향하는 이방인 선교에 있어서 전초기지가 된 것입니다.

그 모든 일의 출발 지점에 스데반 집사의 담대한 믿음과 순교가 있었습니다. 스데반의 순교를 잊을 수 없는 사울은 위대한 사도바울이 되었습니다. 스데반의 순교를 기억하며 여기저기 떠나간 동료들은 안디옥에서 복음을 전하며 안디옥을 선교의 전초기지로 만들어 놓았습니다. 주의 손이 함께 하사, 성령의 역사가 함께 하사, 그 모든 일들이 이루어진 것입니다. 주의 손이 함께 하사, 복음이 전파되는 일들이 여러분을 통해서도 풍성하게 일어나게 되기를 바랍니다. 여러분의 가정과 직장이 선교의 전초기지가 되는 놀라운 일들이 일어나기를 바랍니다.✚

회개와 성령의 역사

예수 그리스도의 사도들이 오순절에 성령의 충만을 받았을 때, 그들에게서는 이런 일들이 나타납니다. 방향을 돌이키는 일입니다.

전에는 십자가와 고난을 피하여 달아나던 제자들인데 이제는 고난과 십자가를 향하여 나아갑니다. 나도 주님처럼 십자가를 지겠다고, 십자가를 향하여 나아가는 것입니다. 전에는 아무리 결심을 하고 신앙 고백을 해도 막상 어려움이 닥치면 다 흩어지고 말았습니다. 그런데 그런 연약한 인간인 제자들이 성령의 충만을 받은 후에는 마음의 방향을 돌이키기 시작합니다. 전에는 비겁하게 보이던 제자들인데 이제는 누구보다 더 용감하게 십자가를 향하여 나아갑니다. 내가 살기 위하여, 나만 살기 위하여 어려움을 피하고 하나님을 피하던 제자들이, 이제는 마음을 돌이켜 십자가에 달리신 주님을 바라봅니다. 고통스럽고 무거운 십자가일지라도 내가 하나님을 사랑하기 때문에 나는 피하려고 하지 않는 것입니다.

전에는 아무런 감동이 없었는데 성령의 체험을 하면 성경 말씀이 하나님의 말씀으로 들려오기 시작합니다. 전에는 저게 도대체 무슨 이야기인가 했는데 이제는 설교를 들으면 하나님의 말씀으로 들려오기 시작합니다. 교회가 하나님의 집으로 보입니다. 환경오염에 찌든 대도시의 길거리도 아름다운 하나님의 피조물로 보이기 시작합니다.

성령의 역사는 돌이키게 합니다. 나의 생각과 나의 판단을 돌이키게 합니다. 나의 마음을 돌이키게 합니다. 회개는 돌이키는 것을 의미합니다. 내 뜻대로 걸어가던 내 인생, 나의 마음을 돌이키게 하는 것입니다. 성령의 역사는 우리들로 하여금 돌이키게 합니다. 하나님을 향하여 나의 생각과 판단과 삶의 방향을 돌이키는 것입니다. 돌이키는 그것이 곧 회개입니다.

성령의 역사는 우리의 마음과 인생을 돌이키게 합니다. 그런데 사도행전의 말씀은 돌이키는 자에게 회개하는 자에게 성령이 임한다고 합니다. 사도행전 2장 38절 말씀은 이렇게 전하고 있습니다. "베드로가 이르되 너희가 회개하여 각각 예수 그리스도의 이름으로 세례를 받고 죄사함을 받으라. 그리하면 성령의 선물을 받으리니……." 회개하라. 돌이켜라. 예수 그리스도의 이름으로 세례를 받아라. 죄사함을 받아라. 그러면 성령을 선물로 받으리라.

베드로는 오순절 성령강림절에 유대인들 앞에서 이런 설교를 합니다. "너희가 십자가에 못 박아 죽인 예수를 하나님께서는 사흘 만에 다시 살리셨다." 그 유대인들을 앞에 두고서 그런 설교를 한 것입니다. 구약성경 요엘서의 말씀을 인용하고 해설하면서 예수께서 다시 살아난 부활에 대하여 설교하는 것입니다. 부활에 대한 설교를 듣는 중에 유대인들의 양심이 다시 살아난 듯합니다. 전에는 무슨 말씀을 들어도 마음에 감동이 없었는데 이제 그 말씀을 들으니까 마음이 찔려 오는 것입니다.

사도행전 2장 37절 말씀은 이렇게 전하고 있습니다. "그들이 이 말씀을 듣고 마음이 찔려……." 마음이 찔린 그들은 사도들에게 이런 질문을 합니다. "그러면 우리가 어떻게 해야 하겠습니까?" 그러자 베드로가 대답하되 "마음을 돌이켜라. 회개하라. 그리고 세례를 받으라." "그러면 성령을 선물로 받으리라." "선물로 받으리라."는 것은 "아무 공로 없이 거저 받을 것이라."는 말씀입니다. "하나님께서 너의 돌이키는 마음을 보시고 너에게 성령을 충만하게 부어 주시리라." 바로 그런 말씀인 것입니다. 그 말씀에 순종하여 회개하여 세례를 받은 성도들로부터 회개와 선교의 본격적인 기독교의 역사는 시작되었습니다. 그렇게 돌이키는 데서부터 교회의 새로운 역사가 시작된 것입니다.

그러니까 우리에게서 무언가 새로운 하나님의 일이 일어나려면 돌이키는 사람들이 나타나게 될 것입니다. 하나님을 향하여 마음을 돌이키는 동안에 나의 몸과 나의 삶이 다시 살아나는 일들이 선물로 주어질 것입니다. 이제까지는 닫혀만 가던 내 인생이 이제부터는 열려만 가는 인생으로 바뀌어 갈 것입니다. 내가 하나님을 향하여 마음을 돌이키는 그 순간부터 연약해져 가던 육신이 강건하게 일어서는 체험을 하게 될 것입니다. 닫혀 가던 사업의 문이 돌이켜 이제는 열려 가는 역사들이 나타날 것입니다. 그 모든 것이 하나님을 향하여 마음을 돌이키는 내 마음의 결단에서부터 시작된다는 말씀입니다. ✝

내 목소리를 들으라

사무엘 선지자가 "순종이 제사보다 낫다."라고 했을 때, 그 때 순종은 하나님의 말씀 듣는 것을 의미합니다. 구약성경 시대의 선지자가 하나님의 말씀을 전하는 사람이었다면 말씀과 순종은 주로 선지자와 관련되는 것입니다. 말씀과 순종은 선지자와 관련된 것이요. 제사는 제사장과 관련된 것입니다. 그렇다면 사무엘이 "순종이 제사보다 낫다."고 말했을 때, 사무엘은 이런 생각을 한 것입니다. 많은 백성들이 순종에 관련 없이 제사만 열심히 드리더라는 것입니다. 말씀과 순종 없는 제사만 좋아하더라. "올바른 말씀을 전하는 선지자는 외면하고 축복을 구하는 제사장만 좋아하더라."는 말씀입니다.

사울 왕이 그 대표적인 사람입니다. 사울 왕은 제사는 열심히 드리는데, 사무엘 선지자를 보면 변명을 하거나 슬며시 피해 다닙니다. 선지자를 피하는데 제사를 드린다는 것은, 하나님의 뜻이 아니라 자기 뜻대로 제사를 드리겠다는 그런 의미가 됩니다. "제사를 드리되 하나님의 말씀을 올바로 듣고 따르면서 드려야 한다." 사무엘 선지자는 그런 말씀을 전하려는 것입니다.

예레미야 7장 23절을 통하여 하나님께서는 우리에게 이렇게 말씀하십니다. "너희는 내 목소리를 들으라. 그리하면 나는 너희 하나님이 되겠고 너희는 내 백성이 되리라. 너희는 내가 명령한 모든 길을 걸어가라. 그리하면 복을 받으리라."

"열심히 제사를 드려라. 그리하면 복을 받으리라." 그런 말씀은 별로 나타나지 않습니다. "하나님의 말씀을 들어라. 하나님의 음성에 귀를 기울여라. 너희는 내 목소리를 들으라. 그러면 복을 받으리라." 신구약 성경에는 그런 말씀이 수없이 나옵니다. 제사를 드리든 예배를 드리든 구제를 하든 선행을 하든 간에, 그 안에는 하나님의 뜻이 담겨져 있어야만 합니다. 하나님의 말씀을 따르는 순종이 있어야 제사나 구제나 선행이 의미가 있는 것입니다.

진정으로 하나님의 은혜와 축복을 바라는 사람은 하나님의 말씀에 귀를 기울여야만 합니다. 마음을 열고 귀를 기울여서 말씀을 듣고, 깨달아야 하는 것입니다. 그러니까 하나님 앞에서 마음이 열리고 귀가 열려야 하는 것입니다. "하나님 앞에서 마음이 열리고 귀가 열려야 한다." "하나님 앞에서 마음이 열리고 귀가 열려서 말씀을 들어야 복을 받는다." 그게 옳은 말씀입니다.

그와 정반대의 경우가 있습니다. 마음은 닫힌 채로 머리가 움직이고, 듣는 귀 대신에 나의 입술이 움직입니다. 세상의 세속적인 삶은 바로 그런 것입니다. 머리를 쓰고 나의 입장을 설명하고……. 머리를 쓰고 남을 설득해서 나의 뜻을 이루어야 하고……. 그런 것이 세상적인 일들입니다.

그런데 하나님의 일은 마음이 열리면서 시작됩니다. 마음이 열리지 않으면 하나님의 일은 시작할 수도 없습니다. 하나님의 일은 하나님의 말씀을 들을 수 있어야 시작됩니다. 하나님의 말씀이 내 귀로 들어와서 내 마음속으로 들어가면서부터 내 영혼에 말씀의 씨앗이 심겨지는 것입니다. 그러면 거기서부터 하나님 나라의 일들이 시작됩니다. 내 영혼의 터전에, 내 인생의 터전에 하나님 나라의 일들이 시작되는 것입니다. 내 마음이 열리고 내 귀가 열려서 하나님의 말씀을 듣기 시작할 때부터, 내 영혼은 진실로 하나님을 만나기 시작하는 것입니다.

해마다 가을이 되면, 우리는 결실의 계절이라는 말을 합니다. 올해도 이미 가을이 되었습니다. 이제 본격적인 가을로 접어들었습니다. 가을은 인간으로 하여금 생각하게 만드는 계절입니다. 가을은 우리의 마음을 문제 삼는 것입니다. 봄철에는 아지랑이가 피고 황사가 날리고 여름에는 소나기와 태풍과 홍수가 몰아쳤는데……. 그 가운데로 분주하게 외치며 돌아다닌 내 인생인데……. 그렇게 살아온 내 인생인데, 이 결실의 계절 가을에 내 마음은 어떠한가? 내 영혼에 내 마음속에는 무엇이 남아 있는가? 가을바람과 파란 하늘은 우리 마음을 향하여 그런 질문을 해 옵니다.

너의 마음은 주로 너의 생각만 담고 살아오지 않았는가? 너의 입술은 너의 생각을 쏟아 내는 일만 하면서 황사와 태풍과 홍수 같은 인생을 살아오지 않았는가? 그런데 이제는 하나님의 음성에 귀를 기울여야 하지 않겠는가? 하나님의 음성이 너의 귀를 통하여 너의 마음, 깊은 곳으로 들어가게 해야 하지 않겠는가? "너는 나의 목소리를 들으라."

"내 양은 나의 음성을 듣나니……." 그 음성을 듣는 귀와 그 말씀을 받아들이는 마음을 이 계절의 열매로 거두어들이시기 바랍니다. "너희는 내 목소리를 들으라. 그리하면 너희는 내 백성이 되리라. 너희는 내 음성을 들으라. 그리하면 복을 받으리라." 하나님의 음성을 듣는 귀와 마음을 거두어들이는 결실의 계절을 맞이하시기 바랍니다.

받아들이는 교회

기독교가 로마 제국에서 핍박을 당하던 **AD 3**세기 초에, 로마 제국의 수도인 로마에서 교회에 관한 모든 일을 책임지던 로마의 감독이 있었습니다. 나중에 교황으로 발전해 가는 그런 직책이 로마의 감독입니다. 그러니까 상당히 중요한 직책인 것이 분명합니다. 어쩌면 당시 기독교 세계에서 가장 중요한 직책이었다고 생각됩니다. 그런데 **AD 3**세기 초에 쉽게 받아들이기 어려운 이상한 사람이 로마의 감독으로 등장하게 됩니다. 칼리스트라는 사람이 선거를 통해서 로마 교회의 감독이 된 것입니다.

칼리스트는 과거에 어느 부유한 권력자의 노예였던 사람입니다. 노예였던 칼리스트는 주인의 많은 돈을 빼돌려서 은행업과 같은 사업을 했고 외국돈을 바꿔 주는 환전 사업도 했습니다. 오늘날의 금융업에 적극적으로 뛰어든 것입니다. 주인 몰래 주인의 돈으로 큰 사업을 벌인 것입니다. 그렇게 사업을 하다가 사업이 망하고 말았습니다. 그래서 칼리스트는 주인을 피해서 도망을 갔습니다. 멀리 안전한 곳으로 도망가려고 어느 항구에서 배를 타던 순간에 칼리스트는 주인에게 붙잡히고 말았습니다. 그 상황에서도 칼리스트는 주인을 잘 설득해서 풀려날 수 있었습니다. 예전에 사업할 때 누군가로부터 돌려받을 큰돈이 있었다는 말을 듣고서 주인은 칼리스트를 풀어 주었습니다. 그 돈을 받아 오라고 풀어 준 것입니다.

유대인에게 받을 돈이 있었는지 칼리스트는 돈을 받으려고 유대인의 회당을 찾아갔습니다. 회당을 찾아간 칼리스트는 회당에서 난동을 피웠다고 합니다. 그 난동이 아주 심해서 그런지 유대인들은 칼리스트를 고발하고 말았습니다. 로마의 사법 당국은 칼리스트를 체포하고 재판해서 저 멀리 섬으로 유배를 보내고 말았습니다. 칼리스트는 중형에 처해진 것입니다. 바로 그 유배된 섬에서 칼리스트는 기독교인들을 만나게 됩니다. 그런데 거기까지 잡혀간 기독교인들은 이제 곧 처형될 순교자들입니다. 순교를 기다리는 상황에서 기독교인들은 그 섬에서 강제 노동을 하면서 기다린 것인데, 칼리스트는 그들과 함께 유배 생활을 했던 것입니다.

그러던 중에 로마 제국 전체에 어떤 정치적인 변화가 생기면서 기독교 탄압이 해제되었습니다. 그리고 그 섬에 유배되었던 기독교인들이 풀려나게 됩니다. 순교를 기다리던 사람들이 자유를 얻게 된 것입니다. 그런데 기가 막히게도 그렇게 자유를 얻은 순교자들 중에 칼리스트가 끼어 있었습니다. 그러니까 칼리스트는 불사조 같은 생명력을 지닌 사람인 것입니다. 칼리스트가 유배 중에 기독교인이 되었는지, 어쨌든 간에 칼리스트는 나중에 로마의 감독이 되었습니다. 당시로서는 기독교의 최고 책임자가 된 것입니다.

많은 사람들은 이렇게 항의합니다. 어찌 그런 인간이 기독교의 최고 책임자가 되었는가? 고결한 학자와 신앙인들이 즐비한데 어찌 세상 밑바닥을 기던 그런 사람이 기독교의 최고 책임자가 된 것인가? 그래서 기독교가 세속화되기 시작한 것이 아닌가? 그런 탄식과 비난이 줄을 이었습니다. 그런데 어느 역사학자가 정반대의 글을 썼습니다. 이런 글입니다. "칼리스트가 로마의 감독이 됨으로써 기독교는 로마제국 전체의 국교(國敎)가 될 만한 저변을 갖춘 것이 아닌가?" 그렇게 평가한 것입니다.

칼리스트가 로마의 감독이 됨으로써 기독교는 저 높은 곳의 고결한 기독교가 아니라 천박한 노예와 사기꾼과 거짓말쟁이와 폭력배까지도 받아들이는 기독교가 되었다는 말씀입니다. 세상 밑바닥의 그런 사람들도 교회의 중요한 직책을 맡을 수 있다는 것을 몸으로 보여 준 사람이 칼리스트가 아닌가? 칼리스트야말로 그 당시 세속적인 로마 사람들의 눈높이에 맞는 그런 감독이 아니었는가? 하나님께서 이 세상 죄인들을 받아들이려 하신다면, 이 어두운 세상을 깊고 넓게 체험적으로 아는 칼리스트 같은 사람이 교회의 중심 역할을 하는 것이 옳지 않았을까? 교회는 그런 모든 사람들을 받아들일 수 있어야 한다는 것입니다. 물론 교회에 받아들여진 사람은 변화를 받아야 합니다.

교회의 근본적인 입장은 "받아들이는 것"입니다. 칼리스트 같은 사람을 받아들일 수 있다면, 그런 사람도 교회 안에서 변화될 수 있다면 교회는 이 세상을 넓고 깊게 파고들 수 있는 것입니다. 그래서 어느 역사학자는 그 당시에 칼리스트가 로마의 감독이 된 것이 하나님의 섭리였다는 주장을 합니다. 많은 세상 사람들을 받아들이려면 그런 일꾼이 필요했다는 말씀입니다. 그런 칼리스트 같은 사람들이 교회를 세속적으로 만들 수도 있을 것입니다. 그렇지만 근본적으로 교회는 용서하고 받아들이는 곳이라고 할 때, 칼리스트가 로마 교회의 감독이 된 것은 결코 잘못된 일이 아니라는 말씀입니다. 교회는 죄인들을 받아들이는 곳이기 때문입니다.

돌아오는 사람들

하나님께로 돌아와서 다시 살아나려는 우리에게 이런 깨달음이 필요합니다. "하나님께 받아들여질 수 없는 우리가 다시 받아들여지고 있다."는 것입니다. "다시 돌아올 수 없는 우리가 다시 돌아오고 있다."는 것입니다. "다시 일어설 수 없는 인간인데도 하나님께서 나를 붙드사 나를 다시 일으키고 계시다."는 말씀입니다.

그런 하나님을 찾아서 돌아가는 백성들은 이 세상 백성들과는 분명히 다른 사람들입니다. 이 세상에 적응해서 이 세상이 주는 것을 먹고 살며 이 세상에서 남보다 더 높고 넓은 집에 사는 것만 생각하는 그런 인간들과, 하나님께로 돌아가서 하나님에 의하여 다시 살아나려는 사람은 무언가가 다른 것입니다. 바로 그 다르다는 문제가 오늘 이 시대를 살아가는 우리에게는 아주 중요한 신앙의 문제가 됩니다.

다시 일어서더라도 다시 살아나더라도 하나님에 의하여 일어서야 하기 때문입니다. 예전처럼 수단방법을 가리지 않고 다시 일어서는 일은 이제 더 이상 가능하지 않습니다. 설사 가능하다 하더라도 그것은 하나님께서 원하시는 방법이 아니기 때문입니다.

하나님께서 하나님을 떠난 백성들을 다시 부르실 때, 그들을 다시 살리실 때, 왜 다시 살리시는가? 왜 다시 부르시는가? 하나님께서는 왜 쓰러진 우리를 다시 일으키시려 하시는가? 멀리 떠난 하나님의 백성들을 하나님의 도성으로 하나님의 교회로 다시 부르실 때, 하나님께서는 왜 부르시는가?

에스라서 1장 2절은 이렇게 전하고 있습니다. "바사 왕 고레스는 말하노니, 하늘의 하나님 여호와께서 세상 모든 나라를 내게 주셨고 나에게 명령하사 유다 예루살렘에 성전을 건축하라 하셨나니……." 하나님께서 바사 왕, 페르시아 왕 고레스에게 명령하셨습니다. "천하를 다스리는 권세를 너에게 주노니, 너는 유대 땅 예루살렘에 하나님의 성전을 건축하라." 그 명령을 받은 고레스는 백성들에게 명령을 내립니다. 그 백성들을 유대 땅으로 돌려보내서 유대 땅 예루살렘에 하나님의 성전을 건축하게 하라는 것입니다. 그것이 하나님의 뜻이라는 것을 고레스는 잘 알고 있습니다.

그래서 에스라 1장 3절을 통하여, 고레스는 페르시아 제국 전체에 이런 명령을 내립니다. "너희 중에 그의 백성 된 자는 다 유다 예루살렘으로 올라가서 이스라엘의 하나님 여호와의 성전을 건축하라. 그는 예루살렘에 계신 하나님이시라." "페르시아 제국 전체에 살고 있는 사람들 중에 그의 백성 된 자는 하나님의 백성 된 자는 유다 예루살렘으로 돌아가라. 너희는 유대 땅으로 돌아가서 예루살렘에 하나님의 성전을 건축하라." 하나님께서는 성전 건축을 위하여 하나님의 백성들을 예루살렘으로 다시 부르십니다. 이 시대에 하나님께서 우리를 부르실 때 그 부르심도 마찬가지입니다. 하나님의 교회를 세우시려고 여러분을 부르시는 것입니다.

많은 돈을 들여서 교회 건물을 세우는 그런 일을 말씀드리려는 것이 아닙니다. 우리의 시대에 이 나라에 커다란 교회 건물은 많은데 그 안에서 사람들이 하는 일들을 보면 하나님의 교회라고 말하기 어려운 경우가 많습니다.

하나님께서 우리를 향하여 먼저 원하시는 것은 우리의 영혼이 올바른 믿음 위에 세워지는 것입니다. 우리의 영혼이 하나님을 향하여 돌아오는 그것을 바라십니다. 외적인 것들은 갖추지 못했어도 하나님을 사모하는 믿음으로 가정과 교회를 세워가려는 그런 마음을 소중히 보시는 것입니다. 그런 믿음과 영혼이 준비가 되면 외적인 것들이나 물질적인 것들은 하나님께서 다 해결하실 것입니다. 오늘의 본문 말씀 에스라 1장 4절 말씀은 바로 그런 내용을 전하는 것입니다. 페르시아 왕 고레스는 이스라엘 백성들이 성전 재건을 위하여 예루살렘으로 돌아가려고 할 때 신하들에게 이런 명령을 내렸습니다. 에스라 1장 4절은 이렇게 전하고 있습니다. "그 남아 있는 백성이 어느 곳에 머물러 살든지 그곳 사람들이 마땅히 은과 금과 그 밖의 물건과 짐승으로 도와주고 그 외에도 예루살렘에 세울 하나님의 성전을 위하여 예물을 기쁘게 드릴지니라." 하나님께서는 세상 왕 고레스의 마음을 움직여서 그 모든 것을 준비하게 하신 것입니다.

그러니 너희는 먼저 하나님의 나라와 하나님의 의를 구하라. 전심으로 하나님을 향하여 돌아오라……. 그렇게 돌아오는 사람들에 의하여 하나님의 교회는 다시 세워질 것이요. 그 돌아오는 사람들을 하나님께서는 굳건하게 다시 일으키시며 다시 살리시는 것입니다. 이 눈에 아무 것도 안 보이고 현실적인 가능성이 안 보여도 전심으로 하나님을 향하여 돌아서고 돌아오는 중에, 여러분의 삶이 다시 일어서며 여러분을 통하여 하나님의 교회가 굳건하게 세워지는 체험을 하시기 바랍니다. ✚

하나님께서 계신 흑암으로

건강한 사람은 건강의 소중함을 잘 깨닫지 못합니다. 부자로만 살아온 사람은 물질의 소중함을 잘 깨닫지 못합니다. 항상 사랑을 받고 살아온 사람은 사랑의 소중함을 깨닫지 못합니다. 건강이나 부유함이나 사랑은 소중한 것이지만 아주 가까운 위치에서는 그 소중함을 깨닫기가 어려운 것들입니다. 거기서부터 좀 멀어지면서부터 우리는 그 소중함을 깨닫기 시작합니다.

건강의 소중함은 그 반대의 상황에서 건강을 잃은 상황에서 깨닫기 시작합니다. 물질의 소중함도 역시 반대의 상황에서 가난 속에서 절실하게 깨닫게 되는 것입니다. 진실을 잃어버린 거짓된 세상에서 사람들은 진실의 소중함을 깨닫기 시작합니다. 빛의 소중함을 깨닫게 되는 것은 우리가 빛의 반대편에 있을 때 깊은 어두움 중에 있을 때입니다. 그러니까 우리는 가장 소중한 것들을 정반대의 상황 속에서 깨달아 가는 것입니다.

이집트(애굽)에 복음이 전파되고, 서기 3, 4세기에 그러니까 AD 이백 년에서 삼백 년 사이에 애굽의 많은 기독교인들이 사막이나 광야로 나갔다고 합니다. 세상은 날로 세속화되고 교회는 교회답지 못하게 변해 가면서 경건한 기독교인들이 하나님을 만나겠다는 소망을 품고서 광야로 사막으로 떠난 것입니다. 세속적인 관계로부터 멀어지고 금욕생활을 하면서 그들은 영적 전쟁에 임하려고 했습니다. 그 시대 사람들은 마귀와 귀신들이 광야나 사막에 산다고 믿었습니다. 그러니까 그들은 사막으로 나가서 마귀와 대적하는 영적 전쟁을 하면서 신앙의 문제를 해결하려고 한 것입니다.

그러던 시대에 사막에서 귀신을 쫓아내던 어느 수도사가 귀신과 대화를 나누게 되었습니다. 수도사가 귀신에게 이런 질문을 했습니다. "너희 마귀들이 가장 두려워하는 것이 무엇인가?" "금식하는 사람을 두려워하는가?" 그러자 마귀는 이렇게 대답했습니다. "금식하면서 기도하는 사람이 조금 두렵긴 합니다. 그렇지만 우리 귀신들이 음식을 먹을 필요는 없습니다. 그러니까 우리는 금식을 크게 두려워하지는 않습니다." 그러자 수도사가 다시 물었습니다. "그러면 사람들이 철야하면서 기도하면 너희가 두려워하는가?" 그러자 귀신은 이렇게 대답합니다. "사람들이 밤을 새면서 열심히 기도하면 우리가 두렵기는 합니다. 그렇지만 귀신들은 잠을 자지 않아도 됩니다. 그러니까 철야 기도한다고 해서 우리 귀신들이 크게 두려울 것은 없습니다." "그렇다면 너희 귀신들이 가장 두려워하는 것은 무엇인가?" 그러자 귀신은 주저주저하다가 이렇게 대답했습니다. "우리가 가장 두려워하는 것은 겸손한 사람입니다. 예수 그리스도를 닮은 겸손이 우리가 가장 두려워하는 것입니다. 우리 대장 마귀 사탄은 본래 교만했기 때문에 하나님의 심판을 받고서 쫓겨난 것이 아닙니까? 그래서 우리가 가장 두려워하는 것은 겸손입니다." 마귀들은 귀신들은 진실로 자신을 낮추는 겸손한 사람을 가장 두려워한다는 것입니다.

귀신들이 두려워하는 사람이 겸손한 사람이라면, 그렇다면 귀신들이 가장 좋아할 사람은 교만한 사람일 것입니다. 스스로 자신을 높이며 교만한 사람은 귀신의 뜻대로 살 가능성이 그만큼 크다는 말씀입니다. 자신을 겸손하게 낮추는 사람이 사실은 가장 높은 사람이요. 그런 인격이 가장 고귀한 인격이라는 말씀입니다.

동유럽이나 러시아 쪽의 기독교인들이 귀하게 생각하는 기도 중에, 이런 기도가 있습니다. "아무런 생각 없이(without thoughts) 드리는 기도"입니다.

얼핏 잘못 들으면 무슨 주문 외우듯이 기도하는 것처럼 들릴지 모릅니다. 그런데 동방의 기독교인들이 "생각 없이 드리는 기도"라고 할 때, 그 기도는 영성이 깊은 차원 높은 기도를 말하는 것입니다. 성령이 충만해서 그 영혼이 하나님 가까이 갈수록 인간의 생각은 희미해져 가고 하나님의 생각은 밝히 드러난다는 그런 의미의 기도입니다. 내 뜻을 버리고 하나님의 뜻으로 충만해져 가는 그런 영혼의 상태를 말하는 것입니다.

인간의 생각이 물러서기 시작하면 하나님의 생각이 어떤 것인지 밝히 드러나기 시작합니다. 자신의 생각을 자제할 때 내 이웃의 생각이 내 마음 속으로 들어오기 시작한다는 말씀입니다. 내가 어두움일 때 빛의 소중함을 강렬하게 깨닫듯이……. 내 마음을 가득 채웠던 나의 경험 나의 주장 나의 자존심……. 그런 것들이 물러서고 내려서면서부터 내 영혼은 하나님의 생각을 받아들이기 시작하는 것입니다.

우리 인생이 밝게 빛날 때, 모든 일이 내 뜻대로 되어 갈 때, 그럴 때는 거의 틀림없이 하나님은 나와 멀리 계십니다. 세상이 밝게 빛나고 나의 경험과 능력과 나의 능력이 강력하게 살아 있을 때, 하나님은 나와는 멀리 계시다는 말씀입니다. 그러다가 세상이 어두워지고, 나의 능력 나의 자신감이 서서히 어둠 속으로 내려서기 시작할 때부터 내 영혼은 하나님을 바라보기 시작하는 것입니다. 나의 어두움 속에서 만나는 하나님, 내가 극복할 수 없는 어려움 한가운데서 만나는 하나님……. 그런 하나님이 예수 그리스도의 십자가에서 만나는 성경적인 하나님이십니다. 모세가 하나님이 계신 흑암으로 가까이 갔다는 말씀은 그런 맥락에서 이해할 수 있는 것입니다.✚

우리가 여호와를 알자

종교개혁이 일어나기 이전에, 유럽에는 이런 예언이 널리 퍼져 있었습니다. 적그리스도가 나타난다는 예언입니다. 신부였다가 배교한 남자와 수녀였다가 배교한 여자가 결혼을 해서 아이를 낳게 될 텐데 그 아이가 바로 적그리스도가 된다는 것입니다. 그 당시 유럽에는 일종의 민간 신앙처럼 그런 예언이 널리 퍼져 있었습니다. 그런 예언이 널리 퍼진 가운데 실제로 그런 남자와 그런 여자가 만나서 결혼을 하게 됩니다. 그리고 두 사람 사이에서 아이가 태어나기도 했습니다.

종교개혁자 마르틴 루터는 본래 신부였습니다. 로마 가톨릭 교회의 신부로서 수도사요 또한 신학교에서 성서학을 가르치는 교수였습니다. 면죄부 판매에 반대하여 로마 가톨릭에 항의하고 교황청의 심문을 당하는 과정에서 루터는 결국 파문을 당하게 됩니다. 그러니까 마르틴 루터는 파문당한 배교한 신부가 된 것입니다.

종교개혁자 루터는 42세에 결혼을 했습니다. 루터가 결혼할 당시에 누군가를 열심히 사랑해서 결혼했다고 보기는 어렵습니다. 당시의 종교개혁자들은 성직자가 독신으로 산다는 것이 성경적으로 옳지 않다고 믿었습니다. 성직자는 결혼을 해야 한다고 믿었고, 많은 개혁자들은 실천적으로 결혼을 했습니다. 그래서 먼저 결혼한 루터의 동료들이 루터에게도 결혼을 하도록 권면했습니다.

루터가 머물던 수도원에는 나이든 남자들 몇 사람만 살고 있었습니다. 그래서 동료들이 보기에도 누군가가 가까이서 루터를 도와야 한다고 생각했습니다. 그리고 루터의 늙은 아버지는 루터에게 결혼할 것을 적극적으로 권장했습니다. 그래서 한때는 신부였다가 배교한 신부 마르틴 루터는 결혼을 하게 됩니다. 그런데 누구와 결혼을 했는가? 루터는 캐더린이라는 여인과 결혼을 했습니다. 그런데 그 여인은 어떤 여인인가? 캐더린은 예전에는 로마 가톨릭의 수녀였던 여자입니다. 그런데 수녀원을 나와서 종교개혁에 참여한 것입니다. 그러니까 그 여인은 수녀였다가 배교한 여인인 것입니다.

그런 두 사람이 만나서 결혼을 했습니다. 로마 가톨릭에 대해서 배교한 신부와 배교한 수녀 두 사람이 만나서 결혼을 했고 또 아이도 낳았습니다. 당시에 널리 퍼졌던 예언에 따르면 두 사람 사이에서 태어난 아이는 적그리스도가 되어야 했을 것입니다. 그런데 루터의 아들이 적그리스도가 되었다는 이야기가 들려오지는 않습니다. 대신에 종교개혁자 루터는 다른 사람을 향하여 적그리스도라고 불렀던 적이 있습니다. 그렇다면 루터는 그 시대의 누구를 향하여 적그리스도라고 불렀는가?

루터는 로마 교황에게 편지를 쓴 적이 있습니다. 당시의 로마 가톨릭 교회에는 면죄부를 비롯하여 여러 가지 고쳐야 할 문제들이 있다고 생각해서, 루터는 교황에게 진지한 편지를 쓴 것입니다. 루터는 충실한 교회의 일꾼이었고, 루터는 교황을 끔찍하게 존경하는 사람이었습니다. 그래서 그는 교황을 믿고, 진지한 개혁의 편지를 쓴 것입니다. 그 편지를 보내고 얼마 없어서, 루터는 교황청으로부터 답장을 받게 됩니다. 답장에는 이런 내용이 들어 있습니다. "누구든지 로마 교회가 하는 일을 따르지 않으면, 그 사람은 교회의 이단이라."는 것입니다. "교황을 따르지 않는 자는 이단으로 처단하겠다."는 그런 답장을 받았습니다. 루터는 생각지도 못한 답장을 받은 것입니다. 바로 거기서부터 루터는 심각하게 흔들리기 시작합니다.

종교개혁 초기에 루터는 교황에 대해서 이런 생각을 했습니다. "교회의 이 어두운 실정을 교황께서 다 아시면 교황께서 친히 이런 문제들을 다 해결하실 것이다. 그러니까 나는 교황에게 알리기만 하면 된다." 그런데 시간이 흐르는 동안에 루터는 이런 사실을 깨닫게 됩니다. 사실은 교황이 문제라는 것입니다. 그 모든 부패와 타락의 배후에는 교황이 있다는 것입니다. 그 모든 부패와 타락에 대한 책임자는 교황과 추기경들…… 고위 성직자들이라는 말씀입니다. 그 사실을 분명히 깨달으면서 루터는 교황을 향하여 적그리스도라고 부르기 시작한 것입니다. 배교한 신부와 배교한 수녀 사이에서 적그리스도가 나타난 것이 아니라 루터가 보기에는 교회 한가운데 저 높은 곳에 적그리스도가 앉아 있었다는 말씀입니다. 그러니까 교회의 개혁은 먼저 그 내부에서부터 교회의 중심에서부터 일어나야 한다는 사실을 루터는 철저히 깨달은 것입니다.

오늘날 한국교회의 문제는 목회자들의 문제라고 말합니다. 그게 옳은 말씀입니다. 한국교회의 문제는 목회자들의 문제입니다. 교회 중심에 있는 목회자, 장로 그리고 중심적인 위치에 있는 중직자들의 문제인 것입니다. 거기서부터 변화와 개혁이 일어나야만 우리에게 미래가 있고 소망이 있는 것입니다. 모든 사람에게 책임이 있으되, 중요한 위치에 있는 사람들에게 더 큰 책임이 있다는 말씀입니다.✚

구원 역사(歷史)의 시작

출애굽기 2장 1절과 2절 말씀은 이렇게 전하고 있습니다. "레위 가족 중 한 사람이 가서 레위 여자에게 장가들어 그 여자가 임신하여 아들을 낳으니 그가 잘 생긴 것을 보고 석 달 동안 그를 숨겼으나……." 레위 족은 이스라엘 민족 중에서도 특별한 지파입니다. 하나님의 성전을 위하여 선택받은 지파인 것입니다. 그 레위지파의 남자가 레위 지파의 여자에게 장가들었습니다. 레위 지파의 여인은 아이를 잉태했고, 때가 차매 사내 아기를 낳았습니다.

그런데 그 시대는 사내아기를 살려 내기가 어려운 시대였습니다. 그럼에도 불구하고 사내아기를 키워 가는 것은 결단과 선택을 필요로 하는 일입니다. 그런 어두운 시대에 레위 여인은 모든 방법을 다 동원해서 사내 아기를 살려 냅니다. 그렇게 여러 달 키우다가 더 이상은 어떻게 할 수 없을 때가 되어서,

아기의 어머니는 아기를 떠나보낼 생각을 합니다.

출애굽기 2장 3절 말씀은 이렇게 전하고 있습니다. "더 숨길 수 없게 되매 그를 위하여 갈대 상자를 가져다가 역청과 나무 진을 칠하고 아기를 거기 담아 강가 갈대 사이에 두고……." 마지막까지 숨겨서 키우다가 결국 그 아기를 갈대 상자에 담아서 나일 강물에 떠나보내는 것입니다. 갈대상자를 정성스럽게 만든 것을 보면 단순히 아기를 포기했다고 생각되진 않습니다. "인간으로서는 더 이상 어떻게 할 수 없는 아기를 이제는 하나님을 향하여 떠나보낸 것이 아닌가?" 생각됩니다. 어떻게든 아기가 살아날 수 있는 방향을 향하여 간절한 소망을 품고 고통스럽게 기도하면서 아기를 떠나보냈다는 말씀입니다. 히브리 산파가 살려 낸 아기를 그 어미가 숨겨서 키우다가 이제는 갈대상자에 눕혀서 나일강에 떠내려 보냅니다.

그런데 출애굽기에 나오는 애굽 왕의 딸, 바로의 공주는 분별이 있고 양심이 있는 공주였던 것으로 보입니다. 공주의 아버지는 히브리 백성들을 다 죽이려는 듯이 법을 만들고 명령을 내리고 그래서 나일강에는 히브리 아기들의 시체가 떠다니고……. 그런 것을 보면서 양심의 아픔을 느끼던 공주가 아닐까 생각됩니다. 그러니까 갈대상자에 누인 아기가 히브리 아기인 것을 알면서도 애굽의 공주는 그 아기를 건져 내서 자신의 아들인 것처럼 양육한 것입니다.

히브리 산파가 받아 낸 아기를, 아기의 생모(生母)인 레위 여인은 석 달을 숨겨서 키웠습니다. 그러다가 마침내 갈대상자에 누여서 나일강에 떠내려 보냅니다. 떠내려가던 그 아기를 이제는 애굽의 공주가 구해 냅니다. 그렇게 해서 한 아기가, 그 시대의 죽음의 물결 속에서 건짐을 받게 되는 것입니다. 그리고 그 아기는 당당하게 애굽의 궁궐에서 왕족으로서 성장해 갑니다. 장차 이스라엘 민족의 출애굽을 위하여 필요한 모든 것을, 바로 거기서 배우고 익히면서 성장해 가는 것입니다.

갈대상자에 담긴 아기가 나일강을 떠내려갈 때 강둑 위로 아기를 따라가는 아기의 누이가 있습니다. 아기의 누이 미리암은 아기로부터 마음과 눈을 뗄 수가 없었습니다. 이스라엘 백성의 소망이요 사랑하는 동생인 그 아기를 마지막까지 따라갔습니다. 예수님의 부활의 무덤까지, 마지막까지 쫓아가던 그 여인들을 생각나게 합니다.

히브리 산파와 아기의 어머니 레위 여인과 애굽의 공주와 그리고 아기의 누이 미리암……. 그런 여인들이 합력하여 아기의 생명을 구출해 냅니다. 그렇게 흘러가면 죽을 수밖에 없는 그 시대의 어두운 흐름으로부터 귀한 아기를 건져 내서 장차 위대한 출애굽의 종으로 키워 가는 것입니다. 물론 이후에도 많은 고난과 연단의 과정이 있을 것입니다. 인간으로서는 예측할 수 없는 우여곡절로 가득한 과정들입니다. 그렇지만 하나님을 위하여, 신앙과 양심을 위하여 내가 지금 할 수 있는 최선을 다 하는 과정에서, 그 여인들은 합력하여 하나님의 구원 역사에 참여한 것입니다.✚

열정과 엄격함

종교개혁자들 중에 많은 이름들이 있습니다. 루터가 있고 칼빈이 있고 쯔빙글리가 있고 멜랑히톤이 있고 마르틴 부처가 있고……. 그런데 그 종교 개혁자들 중에서 현재 전 세계적으로 가장 많은 영향을 미치는 사람은 루터와 칼빈입니다. 루터는 종교개혁을 시작한 사람이고 처음부터 주도한 사람이니까 유명한 게 당연합니다. 그런데 칼빈의 경우는 루터보다 한 세대정도 이후에 등장한 사람입니다. 그런데도 개혁자로서 칼빈의 영향력은 전 세계적으로 가장 앞서 있는 것이 사실입니다. 다른 개혁자들에 비해서 영향력이 더 크다는 말씀입니다. 그렇다면 그 이유가 무엇인가? 여러 가지 이유가 있겠지만 그 중에 한 가지는 이런 것입니다.

종교 개혁자 루터나 칼빈은 누구보다도 자기 자신에게 아주 엄격했던 사람들입니다. 특히 칼빈은 자신에게 엄격했고, 특히 상류층 사람들에 대해서 엄격하게 대했던 것으로 알려져 있습니다. 다른 개혁자들에 비해서 칼빈의 영향력이 전 세계적으로 컸던 것은, 칼빈이 그만큼 자신에게 엄격했기 때문이라는 말씀입니다. 그 엄격한 중심(中心)으로부터 칼빈의 가르침은 전 세계를 향하여 멀리멀리 전파된 것입니다. 중심에 선 사람들이 남이 아닌 자기 자신에게 엄격한 그만큼 복음의 빛은 널리 널리 퍼져 나갔다는 말씀입니다.

그런데 종교 개혁자라고 해서 신앙과 인격이 대단했던 것만은 아닙니다. 독일에서 종교개혁이 진행될 때 루터를 도와주던 멜랑히톤이라는 학자가 있었습니다. 멜랑히톤은 루터를 도와서, 종교개혁을 성공적으로 이끌었던 사람입니다. 그는 대단한 학자였습니다. 종교 개혁자 루터의 부족한 부분을 채워 주면서 중요한 신학적인 문서를 만들었던 사람입니다. 그러니까 멜랑히톤은 아주 중요한 종교 개혁자인 것입니다. 그런데 멜랑히톤은 중요한 결정을 내려야 할 때가 되면 망설이고 주저하다가 일을 그르칠 때가 있었습니다. 그래서 그가 남긴 글에는 "그때 나는 비겁한 인간이었다."는 고백들이 여러 번 나타납니다. 실제로 그는 중요한 결단의 시기에 가서, 비겁한 선택을 했던 적이 있습니다. 그렇지만 그는 아주 중요한 개혁자였던 것으로 인정받고 있습니다.

진정으로 중요한 것은, "그 부족한 사람들을 통하여 하나님께서 어떻게 하셨는가?" 하는 것입니다. 인간이 훌륭하고 대단하면 좋겠지만 하나님 보시기에 중요한 것은 "연약함과 부족함에도 불구하고 개혁에 뛰어들었다."는 점인 것입니다. 그래서 교회의 역사는 그들의 부족한 점보다는 그들의 훌륭한 점을 더 강조하면서 종교 개혁자로서 역사에 기록해 놓은 것입니다.

쯔빙글리라는 스위스의 개혁자는 한때는 로마 가톨릭의 신부였습니다. 신부였을 당시에 쯔빙글리는 남몰래 어느 처녀와 관계해서 아이를 낳은 적이 있습니다. 당시에는 밝혀지지 않았다가 한참 후에 어느 자료를 통하여 그 사실이 드러나게 되었습니다. 그러니까 종교 개혁자라 해도 개혁자답지 못한 점들이 많았던 것입니다. 그렇지만 그의 윤리적인 어두움에도 불구하고, 교회의 역사는 쯔빙글리를 개혁자로 인정합니다. 그 어두움을 권면하는 것은 결코 아닙니다. "부족함에도 불구하고 하나님을 향하여 개혁의 흐름에 동참했다."는 그 점이 더 중요하게 생각되는 것입니다.

루터나 칼빈에 대해서 말씀드릴 때 중심의 엄격함에 대하여 말씀을 드렸습니다. 중심에 선 개혁자들은 자기 자신에 대하여 엄격했다는 말씀입니다. 그런데 독생자를 베들레헴 마구간으로 보내신 성부 하나님의 마음 한가운데에는 꺼지지 않는 불꽃같은 사랑이 있습니다. 우리 죄인들을 구원하시려는 뜨거운 사랑이 독생자 예수 그리스도를 낮고 천한 곳으로 보내신 것입니다. 오순절의 성령을 보내신 하나님의 마음 한가운데는 제자들로 하여금 믿음과 용기를 회복하게 하려는 뜨거운 마음이 있었습니다. 주님을 배신하고 십자가를 등지고 도피해서 좌절과 절망 속에 살아가던 그 제자들로 하여금 믿음과 용기를 회복해서 복음의 일꾼이 되게 하려는 뜨거운 열심이 하나님의 마음 한가운데 있다는 말씀입니다.

그러니까 종교 개혁자들의 마음 한가운데에 엄격함이 있다면 그 엄격함은 하나님의 사랑을 전파하기 위한 것입니다. 엄격함 그 자체를 위한 율법주의적인 엄격함이 아니라는 말씀입니다. 그 꺼지지 않는 불꽃같은 사랑이 이 부족한 나를 통하여 온 세상 어두움을 향하여 반사되어야 하기 때문에, 나 자신에게 엄격한 그 엄격함이 바로 개혁자들의 엄격함인 것입니다. ✚

추수감사절

오늘 추수감사절에, 우리는 자신을 향하여 이렇게 질문할 필요가 있습니다.

"이제까지 내 영혼이 믿음을 따라 성령을 따라 살아왔는가? 아니면 인간의 육신적인 욕망을 따라 살아왔는가?"

세상 사람들이 보기에 겉으로 번듯하게 드러나는 외적인 열매들이 당연히 중요합니다. 그렇지만 하나님 보시기에 보다 더 소중한 것은 믿음의 열매입니다. 이 시대의 교회들과 성도들을 통하여, 그들의 인격과 성도들 사이 관계에서 어떤 열매들이 나타나고 있는가? 하는 것입니다.

사도바울은 갈라디아서 5장 24절을 통하여 이런 말씀을 전하고 있습니다. "그리스도 예수의 사람들은 육체와 함께 그 정욕과 탐심을 십자가에 못 박았느니라." 육체와 함께 그 정욕과 탐심을 십자가에 못 박은 그리스도인들은 이제 더 이상 육체의 열매를 맺지 말고, 믿음의 열매, 성령의 열매를 맺으라는 것입니다.

기독교와 교회의 모든 것은 십자가에서부터 시작한 것입니다. 우리의 믿음과 신앙생활의 모든 것은 예수 그리스도의 십자가 죽음에서 출발했다는 말씀입니다. 그러니까 우리가 하나님 앞에서 어떤 열매라면 우리는 십자가의 열매인 셈입니다. 하나님 보시기에 가장 소중한 열매는 십자가의 열매인 것입니다. 그런데 고난에서 멀어지면 사람들은 십자가를 잊기 시작합니다. 자기중심적인 생각을 하게 되고 그리고 교만해지기 시작합니다. 그러면서 사람들은 세상과 육신의 열매 쪽으로 돌아서기 시작하는 것입니다.

그 고난의 열매가 아직도 나에게서 나타나고 있는가? 아니면 고난을 잊어버리고 나는 또 다시 세상과 육신의 열매를 맺으며 살아가고 있는가? 사도바울이 볼 때 믿음생활의 성공과 타락은 바로 거기서 밝히 드러나는 것입니다.

고난은 징계와 심판과 형벌로서 다가옵니다. 그러니까 고난은 두려운 것이요, 결코 환영할 수 없는 것입니다. 그렇지만 죄악과 잘못에 대한 징계가 없고 심판도 없고 형벌도 없으면 우리는 죄악에 둔감해지고 말 것입니다. 그러니까 성도들에게 고난은 당연히 필요한 것입니다. 고난이 없으면 깨달음이 없고 변화도 없는 것입니다. 깊은 깨달음이나 변화는 결국은 고난의 열매요, 십자가의 열매인 것입니다.

고난은 구부러진 마음을 곧게 펴 주는 역할을 합니다. 고난은 높아진 마음을 낮아지게 합니다. 고난은 굳어진 마음을 옥토와 같이 부드럽게 만들어 줍니다. 그러니까 겸손한 마음, 옥토와 같은 마음은 고난의 열매인 것입니다. 고난이 없이는 그런 열매 그런 마음을 기대할 수가 없습니다.

고난과 십자가는 우리를 이끌어서 부활의 동산으로 나아갑니다. 고난과 십자가를 넘어서 하나님께서 예비하신 열매가 바로 부활과 승리와 영생인 것입니다. 그러니까 고난은 두려워하거나 피할 것이 아니라 그것을 넘어서도록 주어진 것입니다. 십자가는 피할 것이 아니라 그것을 넘어서 부활의 승리로 가도록 주어졌다는 말씀입니다.

하나님께서 우리에게 허락하신 고난은 그 뒤편에 무언가를 감추고서 다가옵니다. 팔려 가는 요셉의 통곡 속에는 애굽의 총리가 될 미래가 숨겨져 있었습니다. 모세의 광야 사십 년은 그 뒤편에 출애굽의 위대한 역사를 감추고 있었습니다. 홍해 바다의 절망은 그 밑바닥에 구원의 길을 감추고서 다가왔습니다. 예수 그리스도의 십자가는 그 뒤편에 부활의 아침을 숨기고서 다가온 것입니다.

　그러니까 믿는 자들에게 다가온 고난은 항상 그 뒤편을 바라보게 하는 것입니다. 이 고난을 넘어서면, 이 기다림을 넘어서면, 하나님께서는 어떤 미래를 나에게 허락하실 것인가? 믿음의 조상들의 영혼 속에는 항상 그런 믿음이 살아 있었습니다. 그런 믿음으로 모세는 홍해 바다 앞으로 나아갑니다. 그런 믿음으로 예수님께서는 십자가 앞으로 나아갑니다. 그런 믿음으로 사도바울은 사슬에 묶인 채 로마를 향하여 땅 끝을 향하여 나아갑니다.

　대서양을 건너 신대륙으로 향하던 청교도들에게는 그런 믿음이 있었습니다. 오늘(2006년) 추수감사절에 여러분들에게 이런 믿음이 충만케 되기를 바랍니다. 이기적 욕심으로 가득했던 마음에 희생과 사랑의 열매로 가득하게 되기를 바랍니다. 불평과 불화로 가득했던 마음과 입술에는 감사와 화평으로 가득하게 되기를 바랍니다. 어려운 현실 때문에 눌리고 좌절하던 영혼들은 십자가를 넘어 부활을 바라보는 믿음의 눈을 열매로 거두시기 바랍니다.✝

기다리는 사람

시므온은 나이가 많은 노인입니다. 아기 예수를 안고 하나님을 찬송할 때 그는 이렇게 말합니다. 29절 말씀이 이렇게 전하고 있습니다. "주재여! 이제는 말씀하신 대로 종을 평안히 놓아 주시는도다."

"주재여!"라는 말은 "온 세상을 다스리시는 하나님이시여!"라는 말입니다. 그러니까 시므온은 이렇게 고백하는 것입니다. "하나님이시여! 이제는 저가 이 세상을 떠나도 될 그때가 되었나이다." 시므온은 일생의 과제로서 "메시야를 만나는 것"을 소원하며 살아왔습니다. 거의 언제나 그의 마음 속에는 기다림이 있었고, 그 기다림이 이제 마침내 이루어진 것입니다. 그래서 시므온은 "이제는 저가 이 세상을 떠나 하나님의 나라로 갈 때가 되었나이다." 그렇게 고백하는 것입니다.

시므온의 영혼 속에는 하나님의 말씀이 이루어지기를 기다리는 기다림이 있었습니다. 하나님께서는 기다리는 그 영혼을 귀하게 보셨습니다. 예루살렘 성전에 수많은 제사장들과 서기관들과 종교 전문가들이 있으되 하나님께서 가장 귀하게 여기신 것은 그들의 마음 속에 하나님을 기다리는 기다림이 있는가? 하는 것입니다.

믿음은 웅장한 성전 건물이나 도서관의 책 속에 있는 것이 아니라 '내 영혼 속에 살아 움직이는 기다림'의 형태로 살아 있어야 합니다. 화려한 종교적 복장이 믿음을 나타낸다면 로마 교황청의 교황이야말로 최고의 신앙인이 될 것입니다. 그러나 교회와 신앙에 대하여 조금이라도 아는 사람이라면 그 누구도, 겉으로 드러난 종교적 복장과 신앙을 동일시하지는 않을 것입니다.

마음이 살아 있는가? 그 마음 속에 기다림이 있는가? 그 기다림은 하나님과 관계된 것인가? 하나님께서는 그것을 문제 삼으십니다. 그래서 그 시므온과 그 안나가 아기 예수를 만나는 축복을 받은 것입니다. 당신의 마음은 어떠십니까? 당신의 마음속에도 하나님을 향한 기다림이 살아 움직이고 있습니까?

구약성경의 레위기 12장 8절 말씀은 이렇게 전하고 있습니다. "그 여인이 어린 양을 바치기에 힘이 미치지 못하면 산비둘기 두 마리나 집비둘기 새끼 두 마리를 가져다가……" 성전에서 제사를 드리는 여인이 가난하기 때문에 힘이 미치지 못해서 어린 양과 같은 제물을 드릴 수 없다면 이렇게 하라는 것입니다. 그런 가난한 여인은 산비둘기 두 마리나 집비둘기 새끼 두 마리를 제물로 드려라……. 레위기 말씀은 가난한 사람들이 제사를 드리려고 할 때는 형편에 알맞은 제물을 드리도록 말씀을 전하고 있는 것입니다.

그런데 누가복음 2장 24절 말씀은 이렇게 전하고 있습니다. "또 주의 율법에 말씀하신 대로 산비둘기 한 쌍이나 혹은 어린 집비둘기 둘로 제사하려 함이더라." 그때 성전에서 제사를 드릴 때, 아기 예수의 어머니 마리아의 형편은 어린 양을 드릴 수가 없어서 비둘기를 제물로 드려야 했다는 말씀입니다. 마리아는 가난한 사람들의 입장에서 제사를 드린 것입니다. 그래서 예수님도 비교적 가난한 가정에서 성장하셨을 것으로 생각됩니다. "그러니까 부자는 안 된다." 그런 말씀을 드리려는 것은 아닙니다. 보통 사람들이 평범하게 살아가는 그런 환경, 그런 형편에서 마리아는 제사를 드렸고 아기 예수님은 그렇게 성장하셨습니다. 그러니까 "다른 사람들보다 특별한 축복을 받아야 그것이 믿음이 있는 것이다." 그렇게 생각하는 것은 바람직하지 못합니다. 겉으로 드러난 외적인 모습을 가지고서 신앙을 판단해서는 안 된다는 말씀입니다.

열심히 진지하게 기도하는 사람의 기다림은 그 마음 깊은 곳에 심겨져 있습니다. 진실한 기다림은 진실한 그만큼 마음 깊은 곳에 살아 있는 것입니다. 기다림이 겉으로 나와 있다면, 기다림이 입술에만 있다면, 그렇다면 그런 사람의 마음 속에는 기다림이 없는 것이요. 진실한 신앙은 없는 것입니다.

이제까지 한국교회는 주로 겉으로 드러난 숫자와 모습을 가지고서 한국의 기독교와 신앙에 대해서 자랑해 왔습니다. 외적인 성장이 나쁘다는 것은 아닙니다. 먼저 내적인 기다림과 성장이 있어서 그것이 안으로부터 밖으로 흘러나온 것이라야 하는데, 그런데 그것이 거꾸로 되는 경우가 많은 것입니다. 외적인 성장과 외적인 모습을 내세우면서 신앙과 동일시해 왔다는 말씀입니다.

아기 예수를 만났던 시므온과 안나는 외적인 모습으로 따진다면. 그 누구에게도 관심을 받지 못했을 것입니다. 외적인 모습은 늙고 초라할 뿐인데. 마음 속에는 기다림과 기도가 충만했던 시므온과 안나에게 하나님의 놀라운 은혜가 임했다는 사실을 믿으시기 바랍니다. ✚

나그네와 이방인

이사야서 42:5,6

구약성경을 연구하는 학자들은 이런 이야기를 합니다. 유대인들이 바벨론 포로 사건 이전에는 이방인에 대해서 좀 열려 있는 편이었다고 말합니다. 나라가 망하기 이전에는 이방인들에 대하여 다소 개방적인 자세였다는 것입니다. 그런데 바벨론에서 70년간 포로생활을 하고 돌아온 이후에는, 이방인에 대해서 다소 엄격해졌다는 것입니다. 기나긴 고난을 겪은 후에 이스라엘 백성들은 이방인들의 문화나 우상숭배에 대하여 문을 닫는 방향으로 이전보다는 더 엄격해졌다는 말씀입니다.

전체적으로 볼 때 구약성경은 이방인에 대하여 부정적인 표현을 할 때가 많습니다. 그렇지만 신약성경에 오면, 이방인에 대하여 정죄하는 듯한 표현은 많이 줄어들게 됩니다. 이방인이라는 말 자체를 잘 사용하지 않습니다. 이방인이라는 말을 사용하는 대신, 다른 말을 사용하는 것입니다. "하나님 없는 자"

나 "할례가 없는 사람" "언약 밖에 있는 사람들" 신약성경에 나오는 그런 말들이 사실은 이방인을 의미하는 말들입니다.

어떤 역사학자는 유대인과 이방인을 이렇게 비교합니다. 이방인은 한밤중에 밤하늘의 별을 보면서 태양을 찾는다고 합니다. 그런가 하면 유대인은 새벽이 다가오는 시점에서 태양을 기다린다는 것입니다. 이방인들은 어두운 밤중에 밤하늘에 떠 있는 별을 보면서 점성술 같은 방식으로 태양을 찾으러 나섭니다. 그런데 유대인들은 아직 어둡기는 하지만, 새벽 언저리에서 이제 곧 떠오를 태양을 기다리는 것입니다. 거기서 태양은 진리 되신 예수 그리스도를 의미합니다.

그러니까 이방인들은 자신들의 종교적 노력을 가지고서 진리의 하나님을 찾으려 하지만 그들은 아직 한밤중에 있는 것입니다. 그런가 하면 유대인들은 메시야에 대한 약속을 믿고서 메시야 가까이 가기는 하는데……. 그런데 이방인이나 유대인이나 결국은 합력해서 예수 그리스도를 십자가에 못 박고 말았습니다.

그런 이방인이나 그런 유대인들이 결국은 예수 그리스도를 통하여 하나님의 나라에 들어간다는 것이 기독교의 복음입니다. 예수 그리스도 안에서 유대인과 이방인은 하나가 되는 것입니다. 그에 대하여 에베소서 2장 14절 말씀은 이렇게 전하고 있습니다. "그는 우리의 화평이신지라. 둘로 하나를 만드사 ……." 그리스도 안에서는 둘이 하나가 되었으니까, 교회 안에서의 구별이나 차별은 무의미하다는 말씀입니다. 그러니까 신약성경의 말씀은 이방인들에 대하여 문을 열고서 대하는 것입니다.

예수님께서 부활 승천하시고 얼마 없어서, 이스라엘이라는 나라는 이 세상에서 사라지고 말았습니다. 로마의 공격을 받아서 성전은 파괴되었고, 나라는 사라지고, 유대인들은 온 세상에 흩어져서 나라 없는 나그네 백성으로서 살기 시작한 것입니다. 그러다가 20세기 중반에 와서야 현재의 이스라엘이라는 나라가 세워졌습니다. 그러니까 그때로부터 1900여 년 동안, 이스라엘 백성은 온 세상에 흩어져서 그야말로 나그네로서 이방인처럼 살아갑니다. 그러니까 나그네요 이방인이라는 말은 이제는 세상 속에 흩어져 살아가는 이스라엘 백성을 의미하게 된 것입니다.

우리 기독교인들은 "세상 속에 살면서도 세상적인 삶의 방식을 따라서는 안 된다."는 것이 성경적인 교훈입니다. 그러니까 우리는 세상 사람들과 함께 세상 속에 살면서도 나그네처럼, 이방인처럼 살아갈 때가 있는 것입니다. 신앙생활을 올바로 하려면 우상숭배와 세속적인 삶의 방식을 그대로 따라갈 수는 없기 때문에 나그네처럼 이방인처럼 살아야 할 때가 있는 것입니다.

온 세상의 세상적인 흐름에 대해서는 세상 사람들이 주인 노릇을 하고, 우리는 나그네처럼 변해 갑니다. 그러니까 우리 믿는 자들은 이방인과 나그네들에 대하여 열린 자세로 대하는 것이 옳습니다. 낯설고 모르는 사람을 대하는 것이 아주 어려운 시대인 것은 분명합니다. 그렇지만, 우리의 신앙생활 자체가 나그네와 이방인의 삶이라는 점을 생각할 때 나그네와 이방인에 대하여 마음을 여는 자세가 필요한 것입니다.

예수님께서 탄생하실 당시에 요셉과 마리아는 나그네로서 머물 곳이 없었습니다. 만삭이 된 마리아가 아기를 낳을 곳이 없어서 아기 예수께서는 어쩔 수 없이 마구간에서 탄생하셨습니다. 예수님께서는 이 세상에 탄생하실 때부터 나그네처럼 탄생하셨습니다. 그러니까 이 세상에서 나그네처럼 되었을 그 때가 예수 그리스도를 만날 만한 때라고 생각됩니다. 나그네에 대한, 낯설고 새로운 사람들에 대한 열린 마음……. 그것이 성탄을 기다리는 강림절의 믿음이라는 점을 기억하시기 바랍니다. ✚

어둠과 희망

아인슈타인이 고등학생일 때 그는 공부를 못하는 학생이 었다고 합니다.

고등학생인 아인슈타인의 생활기록부에는 이런 기록이 있다고 합니다. 당시의 담임선생님이 기록한 글인데 이렇게 쓰여 있습니다. "이 학생은 무슨 공부를 한다 해도, 공부 쪽으로는 성공할 가능성이 희박하다."는 것입니다. "그러니까 공부 쪽에는 관심을 가지지 말고, 일치감치 다른 분야에서 살길을 찾는 것이 좋겠다."는 기록이 남아 있는 것입니다. 그런 아인슈타인이 세계 최고의 과학자가 되었다는 것은 온 세상이 다 아는 사실입니다. 아인슈타인은 특별한 경우니까 그렇다고 생각하지만 말고 우리 모두가 이 점에 대해서 진지하게 생각할 필요가 있습니다.

이 세상이 제시하는 객관적인 통계 자료대로 우리의 미래가

다 그렇게 되는 것은 아닙니다. 많은 사람들이 아주 중요하게 생각하는 객관적인 자료와 통계숫자가 우리의 미래를 결정하는 것은 아닙니다. 그와 정반대로 되는 경우가 결코 적지 않다는 말씀입니다. 아인슈타인의 경우가 그 대표적인 경우라고 생각됩니다.

그러니까 세상적 가치 판단에 비추어서 나 자신의 미래를 너무 어둡게 생각하면서, 스스로 실망과 좌절 속에 인생을 살아가는 자세는 어리석은 자세라는 말씀입니다. 특히 믿는 자들에게 있어서는 세상적인 판단이 우리의 미래를 결정하는 것이 아니라는 사실을 명심할 필요가 있습니다. 골고다와 십자가의 미래는 죽음과 저주가 아니라 부활과 승리와 영생이라는 것이 성경적인 복음이라는 사실을 기억해야 하는 것입니다.

새벽에 동편 하늘에 밝은 태양이 떠오를 때를 생각해 봅시다. 한밤중에 사람들이 모여서 한 조각 한 조각 빛의 조각들을 모으고 붙여서 그래서 태양이 만들어진 것은 아닙니다. 그래서 새벽하늘에 그 밝은 태양이 떠올라서 온 세상을 비추는 것이 아닙니다. 온 세상과 사람들은 어둠 속에 있고 아직도 깊은 잠에 빠져 있는데, 그런데 저 하늘 너머로부터 찬란하게 빛나는 태양이 어둠을 뚫고서 솟아오르는 것입니다. 사람들이 노력하거나 사람들의 능력을 모아서 새벽빛을 만들어 내는 것이 아닙

니다. 찬란한 새벽빛은 우리의 노력과 상관없이 하늘 저 편으
로부터 우리를 향하여 다가오는 것입니다. 진정한 희망이라는
것은 사람들이 조금씩 모아서 만들어 내는 그런 것이 아닙니
다. 희망은 저편에서, 하나님 편에서 우리를 향하여 다가오는
것입니다.

기독교인들이 교회에 모였다 해도 사람들끼리는 시간이 가
면 갈수록 빛의 열매보다는 어두운 열매를 만들어 갑니다. 사
람들은 서로 간에 신뢰를 쌓기보다는 불신을 만들어 가는 경우
가 더 많습니다. 믿음과 사랑으로 시작했지만 시간이 흐르는
동안에 미움과 갈등을 쌓아 가는 것이 인간이요 세상입니다.
처음에는 희망이 가득한 듯했는데 시간이 흐르는 동안에 사람
들의 마음 속에는 좌절과 절망의 그림자가 점점 짙게 드리워
갑니다. 세상만이 아니라 교회에서도, 사람들이 모여서 살아가
는 곳은 어디서나 다를 바가 없습니다.

참된 믿음과 소망과 사랑은 사람들이 만들어 낼 수 있는 것
이 아닙니다. 사람들은 주로 그 반대의 것들을 만들어 갑니다.
믿음 대신에 불신을 만들고, 사랑 대신에 미움을 그리고 희망
대신에 좌절과 절망을 만들어 가는 것이 인간이요, 세상인 것
입니다. 믿음과 소망과 사랑은 사람들이 만들어 내는 것이 아
니라 하나님 편에서 우리를 향하여 다가오는 것이요, 예수 그

리스도를 통하여 우리에게 주어지는 것이요, 성령의 역사는 우리들로 하여금 그 사실을 믿게 하는 것입니다.

사람들이 밤새 만들어 조각조각 붙여서 새벽하늘에 그 태양을 띄운 것이라면, 우리의 하늘은 사람들의 노력이 모일 때마다 조금씩 밝아지다가 마침내 완전히 밝아질 것입니다. 그런데 새벽하늘에 태양이 떠오를 때 세상과 인간은 아직 어둠 속에 깊이 잠들어 있습니다. 세상 모두가 깊은 어두움에 빠져 들어 있을 때, 어느 짧은 시간 동안에 저 동편 하늘에 태양이 떠오르는 것입니다. 깊고 오래된 어두움을 뚫고서 어두움을 물리치는 태양으로서 떠오르는 것입니다. 하나님께서 우리에게 주시는 믿음과 소망도 비슷합니다. 하나님께서 우리에게 사랑이 무엇인지 깨닫게 하실 때, 그 때 우리는 사랑의 반대편에서 미움과 증오에 시달리고 있을 것입니다.

하나님께서 우리에게 참된 희망을 주실 때, 그 때 우리는 희망의 반대편에서 깊은 좌절과 절망 중에 있을 것이라는 말씀입니다. 그 깊은 절망을 향하여 하나님께서는 빛 되신 예수그리스도를 보내신 것입니다.✚

낮은 곳으로 찾아오신 하나님

하나님께서는 낮은 곳을 선택하사, 거기서부터 하나님의 뜻을 나타내기 시작하셨습니다. 하나님께서는 고난당하시는 그리스도를 통하여 하나님의 뜻을 나타내기 시작하셨습니다. 하나님께서는 모든 인간들이 외면하는, 제자들까지도 외면하여 도망가고 마는 그 십자가의 저주를 통하여 하나님의 사랑을 나타내기 시작하셨습니다.

그런 말씀들을 기억하시면서 이제 이 질문에 대답해 보시기 바랍니다. 우리가 살아가는 동안에 하나님께서 나를 가장 가까이 찾아오실 때는 언제입니까? 내가 이제까지 살아오는 중에 내가 하나님을 가장 가까이서 만났다면 그때 나는 어떤 상황에 있었습니까?

그 질문에 대한 대답은 이런 것입니다. 내가 가장 낮은 곳에서, 앞이 안 보여서 나의 미래가 너무나 어두워서, 하나님을 찬양하기보다는 하나님을 원망하고 절망의 종노릇하던 그런 시기에, 우리는 가장 가까이서 하나님을 만나는 것입니다. 그것이 바로 성탄절의 메시지입니다.

하나님의 아들은 우는 아기의 모습으로 마구간에 누우셨습니다. 우리가 생각하기에 하나님의 아들이라면 절대로 그런 곳에 누우실 거 같지 않은 곳에 하나님의 아들이 누워 계셨습니다. 왜 하나님께서는 그렇게 하셨을까? 왜 아버지 하나님께서는 하나님의 아들을 먼저 그런 곳으로 보내셨을까?

우리 주변에는 우는 아기와 같은 사람들이 많습니다. 왜 나는 이런 자리에 있어야만 하는가? 왜 나만 낮은 자리에 남겨져야 하는가? 남들은 저 앞서 가는데, 다들 잘 살아가는데 왜 나는 이렇게 뒤쳐져서 남모르는 어려움 속에 버려진 듯이 살아야 하는가? 우리 주변에는 마구간에서 우는 아기와 같은 사람들이 참으로 많을 것입니다. 예수님께서 탄생하시던 시대에는 그런 사람들이 더 많았을 것입니다.

나라는 로마에 빼앗긴 채 오랫동안 살아왔습니다. 정치와 경제는 유대 백성들과는 상관없이 흘러갑니다. 예루살렘 성전도 역시 비슷합니다. 그 시대의 정치권력과 관련해서 타락한 제사장들이 예루살렘 성전을 차지하고 있습니다. 그래서인지 복음서에 나오는 말씀 중에 예루살렘 성전을 긍정적으로 표현하는 말씀은 거의 나타나지 않습니다. 성전에서 메시야를 기다렸다는 시므온이나 안나 같은 경우도 성전에서 주변적인 사람들이지, 제사장이나 중심적인 사람들은 아니었습니다. 그러니까 성탄은 우는 아기 같은 사람들을 겨냥한 하나님의 사건이라고 생각됩니다. 우는 아기처럼 살아갈 수밖에 없는 사람들. 하나님께서는 그런 사람들에게 먼저 예수 그리스도를 보내신 것입니다.

하나님의 아들은 우는 아기로서 이 세상에 탄생하셨습니다. 이 세상에서 돌아가실 때, 하나님의 아들은 억울한 죄인으로서 사형수로서 돌아가셨습니다. 이 세상에서 생명을 마칠 때, 예수님의 모습은 버림받은 사형수의 모습이셨습니다. 제자들까지도 모두 다 그 스승을 포기할 수밖에 없는 그런 모습이셨습니다. 예수님에게 죄가 있어서 그런 모습으로 이 세상을 마치신 것은 아닙니다.

이 세상에는 억울한 죄인들이 많다는 것을 하나님께서 아시기 때문에…… 나에게 죄가 있더라도 이 억울한 인생을 나는 그대로 받아들일 수 없다고 생각하는 사람들이 참으로 많기 때문에…… 하나님께서는 하나님의 아들을 그런 모습으로 보내신 것입니다. 그런 인생들의 죄악과 고통을 대신 걸머지시고 십자가에서 희생하시기 위하여, 하나님의 아들은 낮고 어두운 곳으로 우리를 찾아오셨습니다.

그러니까 우리가 그 예수를 믿는 사람이라면 그런 사람들을 향하여 마음을 낮추는 자세가 필요합니다. 우는 아기 같은 위치에 있는 사람들……. 절망적인 죄인의 자리에서 살아가는 사람들……. 그런 사람들에게 보다 더 가까이 나아가는 것이 성탄의 메시지가 되는 것입니다. 그렇게 멀리 가지 않더라도, 여러분들 가까이 살아가는 성도들끼리라도 조금 더 가까이 자신을 더 낮추어서 다가가는 성탄이 되시기를 바랍니다. ✚

하나님의 영

오늘은 2006년의 마지막 주일입니다. 오늘 밤 열두 시에 송구영신 예배를 드리면서 우리는 2007년 새해를 맞이하게 될 것입니다. 세상과 인간이 주는 것이 아니라 하나님께서 주실 믿음과 소망과 사랑을 바라면서, 한 해를 마무리하시고 새해를 바라보시기 바랍니다.

언젠가 러시아 모스크바에서 서울에 있는 우리 집으로 e-메일을 보낸 적이 있습니다. 그때 이런 글을 썼던 기억이 납니다. "고향을 떠나는 사람은 고향을 마음에 품고서 떠나는 것이요. 그래서 고향은 고향을 떠난 사람들의 마음속에 가장 선명하게 살아 있는 것이라."는 이런 글을 써 보낸 적이 있습니다.

그런 방식으로 생각하면 이렇게 말씀드릴 수도 있습니다. "사랑의 소중함은 미움과 증오 한가운데서 가장 선명하게 드러난다."는 것입니다. "죄악을 깊이 깨닫는 사람만이 구원과 신앙의 소중함을 알게 된다.”는 말씀입니다.

　우리는 아주 소중한 것들의 진정한 의미를, 그 정반대 상황에서 깨달아 가는 것입니다. 미움과 증오 한가운데서 사랑의 의미를 깨닫고……. 고향을 멀리 떠난 타향에서 고향의 소중함을 깨닫게 됩니다. 가족을 멀리 떠난 곳에서 가족의 소중함을 깨닫게 되는 것입니다. 그러니까 우리가 빛의 소중함을 깨닫는 것은 깊은 어두움 한가운데서입니다. 신앙의 소중함을 절실하게 깨닫는 것은, 불신과 타락과 절망의 한가운데서라는 말씀입니다.

> 언제 어디서나 하나님의 말씀을 전하는 목적은 사람을 변화시키려는 것입니다. 말씀을 전하는 동안에 잠자는 영혼이 깨어나기를 바라는 것입니다. 믿음을 잃어버린 영혼이 믿음을 회복하기를 바라는 것이요, 소망을 잃어버린 영혼으로 하여금 소망을 되찾게 하려는 것입니다. 미움과 증오 가운데 살아가는 영혼으로 하여금 사랑을 회복하게 하려고 하나님의 말씀을 전하는 것입니다.

　하나님의 말씀은 우리에게 변화의 능력으로 다가옵니다. 그런데 신앙적인 변화는 인간의 힘으로 만들어 낼 수 있는 것은 아닙니다. 사람들끼리는 주로 불신과 좌절과 미움과 증오를 만들어 갑니다.

　직장을 구해서 사회에 진출한 젊은이가 처음에는 자신감과 희망에 차 있습니다. 그런데 사회생활을 해 가면서 인간과 세상의 속성에 대해서 조금씩 깊이 있게 깨닫게 되면, 희망보다는 좌절을 생각하기 시작합니다. 정의와 패기보다는 현실 적응과 적자생존(適者生存) 같은 생각을 하게 되는 것입니다. 그러는 동안에 사람들은 세상적인 관계 사슬에 묶여 들기 시작합니다. 그러면서 사람들은 자연스럽게 신앙을 잃어버리고 소망을 포기하면서 세상의 종노릇하게 되는 것입니다. 인간이란 다 그런 것이라고 생각하게 됩니다. 인생이란 다 그런 것이라고……

　그런 사람들의 영혼을 일깨워서 하나님을 바라보게 하는 것이 성령의 역사입니다. 인간과 세상의 관계가 아니라 먼저 하나님과의 관계를 생각하게 만드는 것이 성령의 역사입니다. 그러니까 믿음과 소망과 사랑에 관계된 모든 일들은 성령의 역사인 것입니다. 인간과 세상이 만들어 내는 것이 아닌 성령의 역사가, 우리에게 믿음과 소망과 사랑을 가져옵니다. 바로 그 성령을 통한 변화가 일어나야만 우리는 진실로 하나님의 사람이 되는 것입니다. 믿음은 성령의 역사입니다. 어두운 세상 한가운데서도 참된 소망을 가지고 살아가려면 성령의 역사가 필요합니다. 그러한 성령의 도우심을 구하면서 한 해를 마무리하고, 새해를 계획하시기 바랍니다. ✚

흑암 속에 숨으신 하나님

시편 18편 11절을 통하여, 다윗은 이렇게 고백합니다. "그가 흑암을 그의 숨는 곳으로 삼으사……." "하나님께서는 흑암을 그의 숨는 곳으로 삼으셨다."고 합니다. 하나님께서 어두움 중에 숨으셨다는 것입니다. 하나님은 숨어 계시다고 합니다. 그것도 흑암 중에 숨어 계신다고 합니다. 그게 도대체 무슨 이야기인가?

다윗은 자신의 신앙체험에 근거해서 그런 고백을 했다고 생각됩니다. 베들레헴 들판에서 목동으로 살던 다윗이 이스라엘의 위대한 왕이 될 때까지, 다윗은 수없이 많은 고난과 시련과 위기를 거쳐야만 했습니다. 그 고난과 시련을 거쳐 가는 중에 다윗의 영혼은 오직 하나님을 바라며 줄기차게 성장해 갑니다. 그러다가 때가 차매 다윗은 유대의 왕으로, 그리고 나서 이스라엘 전체의 왕으로 나타나게 되는 것입니다.

왕으로서는 신앙을 배신할 수가 있었습니다. 그렇지만 고난당하며 도피하는 하나님의 종일 때 다윗은 성실한 믿음의 사람이었습니다. 하나님께서는 그 때 다윗에게 가장 가까이 계셨습니다. 다윗이 하나님을 간절히 찾을 때가 바로 그 때였습니다. 보통 사람들이 생각하기로는 거룩하고 영광스러울 때 하나님께서 가장 가까이 계신다고 생각할 것입니다. 그런데 다윗이 치명적인 죄를 범한 것은 고난과 도피 중에 있을 때가 아니라 다윗이 영광스러운 왕으로 있을 때입니다. 목자가 양떼에게 가장 가까이 가서 양들을 지킬 때는 양들이 사망의 음침한 골짜기를 지날 때입니다. 그럴 때 목자는 양들에게 가장 가까이서 품에 안듯이 지켜 주어야만 합니다. 그러다가 푸른 초장과 쉴 만한 물가가 나오면 양들은 이제 목자의 품을 떠나서 한참을 돌아다니게 되는 것입니다.

아주 똑똑한 인간들이 생각하는 하나님은 가장 밝은 빛의 하나님이요, 가장 강하신 하나님이요, 가장 높으신 하나님이십니다. 그런데 하나님의 아들 예수 그리스도께서는 어두운 밤중에 베들레헴 마구간에 나셨습니다. 그리고 힘없이 붙들려서 십자가에 처형되셨습니다. 제자들은 허름한 어부들이었습니다. 지금도 그 예수님께서는 주로 우리가 낮은 곳에 있을 때 우리를 찾아오십니다. 그렇다면 하나님께서 우리 가장 가까이 계실 때는 부활과 승리와 영광의 시간이 아니라, 패배와 좌절과 고난의 시간에 그렇다는 것을 알 수 있습니다.

그러니까 승리의 하나님께서는 패배 뒤편에 숨어 계십니다. 희망의 하나님께서는 좌절과 절망 뒤편에 숨어 계십니다. 평화와 안식의 하나님께서는 고난과 시련 뒤편에 숨어 계시다는 말씀입니다. 부활의 하나님께서 십자가 뒤편에 숨어 계시다가 나중에 나타나시듯이……. 빛의 하나님께서는 흑암 중에 숨어 계시다는 말씀입니다.

> 그 하나님께서는 사망의 음침한 골짜기에서 우리와 가장 가까이 계신 하나님이십니다. 흑암 중에 우리에게 가장 가까이 오시는 하나님이십니다. 사망의 음침한 골짜기에서 우리 가장 가까이 계신 하나님께서는 이제 곧 푸른 초장과 쉴 만한 물가로 우리를 인도하십니다. 원수의 목전에서 상을 베푸시는 것입니다. 흑암 중에 가까이 하신 하나님께서는 이제 곧 우리를 하나님의 빛으로 인도하십니다. 고난과 시련의 세월 중에 우리에게 가까이 계신 하나님께서는 이제 곧 승리와 영광의 시간들을 보이실 것입니다.

이 시대의 많은 성도들이, 비교적 긴 시간 동안 고난과 시련 중에 인내와 기다림 중에 살아오신 줄 압니다. 많은 성도들이 오랫동안 연단과 시련의 세월을 살아왔습니다. 그러다가 이제 2007년 새해를 맞이했습니다. 오늘이 2007년의 첫 주일입니다.

우리가 흑암의 시간들을 거쳐 왔다면 이제는 빛의 시간이 되었습니다. 사망의 음침한 골짜기를 지나왔다면 이제는 푸른 초장과 쉴 만한 물가가 나타날 시간이 되었습니다. 고난과 시련과 좌절의 시간들을 지나왔다면 이제는 은혜와 축복과 희망의 시간이 다가온 것입니다. 이제 2007년부터는 그러한 새로운 일들이 나타나게 될 것입니다.

여러분께서는 말씀과 믿음을 마음 속에만 간직하지 마시고 구체적으로 표현하시기 바랍니다. 때를 얻든지 못 얻든지 어디서든지 말씀을 전하는 전도의 삶을 살아가시기를 바랍니다. 그리고 가능하면 누군가에게 말씀을 배우고 동시에 누군가를 말씀으로 양육하는 전도와 성장의 삶을 살아가시기 바랍니다. 그 모든 사람들에게 있어서 2007년은 쉴 만한 물가와 푸른 초장의 해가 될 것입니다. 흑암의 시간은 지나고 빛의 시간들이 다가올 것입니다. 혼란과 공허와 흑암의 시간은 가고……. 이제는 질서와 은혜와 빛의 시간이 다가온다는 말씀입니다.

인간의 공로·하나님의 은혜

어떻게 해야 우리는 하나님의 은혜를 받을 것인가? 은혜는 위로부터 내려온다는 사실을 먼저 인정해야만 합니다. 우리를 구원하는 하나님의 은혜는 우리가 만들어 내는 것이 아닙니다. 하나님께로부터 우리에게로 내려와야만 하는 것입니다.

인생을 살아가는 데 있어서, 열심히 노력하는 일이 필요하고 사람의 능력이 필요한 것이 사실입니다. 그게 분명합니다. 그런데 인생의 승패를 결정하는 결정적인 중요한 일들은 사람의 뜻대로 되지 않습니다. 생명이 태어나고 세상을 떠나는 일이나, 좋은 남편이나 아내를 만나는 일이나, 사업을 해서 미래가 잘 열리는 일이나, 열심히 기도해서 응답을 받는 일이나……. 그런 일들에서는 반드시 하나님의 은혜가 필요합니다. 우리는 먼저 그 점을 인정해야만 합니다. 우리 인생에는, 우리의 미래에는 하나님의 은혜가 필요합니다. 하나님의 교회에는, 성도의 가정에는, 우리의 모든 사업에는 하나님의 은혜가 임해야 한다는 말씀입니다.

그렇다면 어떻게 해야 우리가 하나님의 은혜를 받을 수 있겠는가? 그에 대한 대답은 결코 간단치 않습니다. 그런데 이런 질문에 대해서는 대답할 수가 있습니다. "왜 하나님의 은혜가 내리지 않는 것인가? 어쩌다가 하나님의 은혜가 닫히고 말았는가?" 그에 대한 대답은 이런 것입니다. "인간들의 공로의식이 하나님의 은혜를 가로막기 때문이라."는 것입니다. 이것이 다 하나님의 은혜라고 말해야 하는데, 어느새 그 모든 것이 인간들의 공로처럼 변하고 말았다는 말씀입니다. 이게 다 부모님의 은혜라고 말해야 하는 자녀들이, 어느새 컸다고 "내 인생은 나의 것이라."고 말합니다. 혼자서 다 자란 것처럼 그렇게 변하고 말았습니다. 한국교회의 하나님의 자녀들은 혼자서 다 큰 것처럼 그렇게 변하고 말았다는 말씀입니다. 그러니까 이제 우리는 하나님의 것에 대해서는 하나님의 것이라고 말해야만 하는 것입니다. 거기서부터 우리는 하나님의 은혜를 새롭게 기대할 수 있다는 말씀입니다.

유대 율법주의자들은 그들의 공로를 내세웁니다. 다른 사람들에게는 율법을 실천한 공로가 없는데 바리새인들에게는 율법

을 실천한 공로가 있는 것입니다. 그런 사람들에게 예수님께서
는 이렇게 말씀하십니다. "공로의식을 버리고 하나님의 은혜를
의지하라."는 것입니다. 바리새인들의 반대편에는 이런 사람들
이 있습니다. "모든 것이 하나님의 은혜라면 우리는 아무런 행
동도 할 필요가 없는 것이 아닌가? 그냥 믿고만 있으라는 것이
아닌가?"

인간의 행위가 없이 우리가 구원받은 것은 사실입니다. 그런
데 우리가 구원받은 사람이라면 우리의 믿음이 구원받은 믿음
이라면, 구원받은 후에 그냥 잠을 자거나 잊어버리는 그런 믿
음은 믿음이 아니라는 말씀입니다. 구원받은 사람은 구원받은
믿음은, 반드시 사랑을 실천하게 되어 있는 것입니다. 살아 있
는 구원받은 믿음이라면 아무런 행위도 없이 그냥 주저앉아 있
을 수가 없다는 말씀입니다. 그러니까 행위나 공로로 구원받은
것은 아니지만, 진실한 믿음은 반드시 사랑과 실천으로 연결될
수밖에 없는 것입니다.

과거를 생각할 때는 하나님을 생각해야 합니다. 과거에 나를
구원하신 하나님의 은혜를 생각해야 합니다. 과거를 생각하되
나의 잘못한 일들을 생각하면 나는 죄책감에 사로잡혀 꼼짝 못
할 수밖에 없습니다. 죄책감이 심하면 무기력해지기도 하고 더
심하면 우울증에 붙잡힐 수도 있습니다. 그렇게 며칠만 지나면

정신과 병원을 찾아가야 할 것입니다.

과거를 생각하되 나의 공로나 나의 노력을 생각하면 나는 분노하게 될 것입니다. 공로도 없고 노력도 안 한 저 사람들은 저렇게 잘난 척하는데 과거에 그렇게 열심히 살았던 나는 오늘날 이게 뭐냐? 과거를 생각하되 인간을 생각하고 어두운 생각을 하면 이런 인생, 이런 신앙 생활을 계속하고 싶은 마음이 흔들리고 말 것입니다.

과거를 생각하려면 인간이 아닌 하나님을 먼저 생각하시기 바랍니다. 과거를 생각하려면 죄지은 인간을 생각하지 말고, 용서하시고 기다리시는 하나님을 먼저 생각하시기 바랍니다. 2007년 새해, 미래를 생각할 때도 마찬가지입니다. 교회에 다니면서 은혜와 축복을 누릴 생각이라면 항상 하나님을 먼저 생각하시기 바랍니다. 나에게 어떤 공로가 있고 행위와 노력이 있다 해도, 하나님 앞에서는 감추시기 바랍니다. 하나님께서 친히 나의 공로를 지적하사 밝히시기 이전에는 자신을 감추시기 바랍니다. 그래야만 어느 날 내가 생각지 못한 시간에 하나님께서는 내가 생각지 못한 은혜와 축복으로 나를 찾아오실 것입니다. ✛

영적인 것에 대하여

로마서8:1 — 2 & 15

태초에 하나님께서는 우주 만물을 창조하셨고, 모든 물질을 창조하셨습니다. 성자 하나님께서는 육신을 입으사 성육신하셨습니다.

이 세상 끝에 가서, 하나님께서는 물질과 육신을 다 폐기처분하시는 것이 아닙니다. 폐기처분해서 없애는 것이 아니라 새롭게 변화시켜서 하나님 나라로 받아들이는 것입니다. 계시록 21장 5절을 통하여 하나님께서는 "보라 내가 만물을 새롭게 하노라." 말씀하십니다. "만물을 폐기처분해서 육신과 물질을 다 없애겠다."는 말씀이 아닙니다. 새롭게 변화시켜서 받아들이시겠다는 것입니다.

예수님께서 십자가에 달리사 사흘 만에 부활하셨을 때, 예수님께서는 육신을 지니셨습니다. 이전과 다른 변화된 육신이기는 하지만 부활하신 예수님께서는 분명히 육신을 지니셨습니다. 그러니까 물질이나 육신을 악한 것으로 생각하는 것은 성경적인 사고방식이 아닙니다. 물질이나 육신을 악한 것으로 보는 것은 고대 그리스 사람들의 사고방식인 것입니다. 돈을 악한 방식으로 벌고 쓰는 것이 문제이지, 돈 그 자체는 영적인 것도 아니요 육적인 것도 아닙니다. 그것을 가지고 어떻게 사용하는가 그것이 문제가 되는 것입니다.

한국의 많은 기독교인들은 신앙생활을 하다가 신비한 체험을 하면 그것은 영적인 것이라고 생각하는 경우가 많았습니다. 이방종교에서는 그런 것들을 일컬어서 영적인 것이라 말할지 모릅니다. 그런데 성경적인 의미에서 특히 로마서를 통하여 사도바울이 말하는 영적인 것은 신비하고 놀라운 이상한 그런 것을 의미하지 않습니다. 사도바울이 영적이라고 말하는 그 영적인 것은 분명한 기준이 있는 것입니다.

기독교 복음을 따르는 것이 영적인 것입니다. 복음의 한 가운데에는 예수 그리스도께서 계십니다. 그러니까 예수 그리스도를 닮은 것이라야만 영적인 것입니다. 예수 그리스도의 말씀과 관련된 것이라야만, 예수 그리스도의 인격을 닮고 그의 삶을 닮은 것이라야만 영적인 것입니다. 아무리 놀랍고 신비해도 대단한 마술적인 것이라도 예수님과 상관없다면 그것은 육적인 것이요, 영적인 것이 아닙니다. 놀라운 능력이 있다고 해서 놀랍고 신비한 것이라 해서, 그런 것을 영적인 것이라 부르지는 않습니다. 예수 그리스도와 관련된 것이라야만 영적인 것이라는 말씀입니다.

나를 아프게 하는 가시와 채찍이라 해도, 예수님과 신앙에 관련된 것이면, 그것이 나를 하나님의 나라와 관련시키는 것이면, 그것은 영적인 것입니다. 신비하고 놀라운 것이 영적인 것이 아니라, 예수 그리스도와 하나님의 나라와 연결시키는 모든 것이 영적인 것이라는 말씀입니다.

예수님께서 오셨을 때 예수님을 가장 괴롭게 했던 사람들은 유대 율법주의자들입니다. 그 대표적인 사람들이 바로 바리새인들입니다. 바리새인들은 나름대로 그들에게 믿음이 있다고 생각했을 것입니다. 그들 방식대로 그들은 영적인 사람이었을 것입니다. 그런데 그 영적이라는 것이 바리새인들에게서는 주로 표면에 있었다는 것이 문제가 됩니다. 주로 외적인 형식이나 율법에서 그들은 영적인 것을 찾았다는 말씀입니다.

신명기 6장 5절 말씀 "너는 마음을 다하고 뜻을 다하고 힘을 다하여 네 하나님 여호와를 사랑하라." "마음을 다하고, 뜻을 다하는……." 내적인 변화가 먼저인데, 마음이 먼저이고 그 다음에 외적인 표현들이 나타나야 할 텐데……. 바리새인들의 경우에는 외적인 것이 먼저였습니다. 마음보다는 외적인 율법과 형식이 앞서 간 것입니다. 외적인 율법이나 형식을 앞세웠을 때 그런 사람들이 보기에 나사렛 예수는 율법에 위배되는 사람이요, 형식을 무시하는 신앙 없는, 신성 모독죄를 범한 죄인처럼 보였습니다. 그래서 그들의 외적인 형식주의가 예수 그리스도를 십자가로 몰아간 것입니다.

우리 개신교에 비해서 로마 가톨릭은 외적인 형식을 중시합니다. 우리는 마음으로 믿어 입술로 고백해서 구원에 이르는데, 그들은 교회가 정한 일곱 가지 거룩한 예식을 통하여 구원에 이른다고 가르치는 듯합니다. 처음에 갈 때 성당의 미사는 그렇게 거룩하게 보입니다. 그런데 시간이 흐르는 동안에 그들의 많은 것들이 외적인 형식에 치우쳐 있다는 사실을 알게 됩니다. 내적으로 거룩하고 겉으로도 거룩하면 그것처럼 좋은 것은 없습니다. 그러나 그렇게 다 주어지지는 않습니다. 먼저 하나님의 나라와 의를 구하는 마음이 있은 다음에 외적인 축복들이 주어지는 것입니다. 예수님의 탄생과 십자가의 모든 것을 보면 마음으로 하나님을 향하는 내적인 차원을 앞세운 것이 분명합니다.

"마음은 영혼의 터전이라." "하나님은 만홀히 여김을 받지 않으십니다." 우리가 하나님을 속일 수 없다는 말씀입니다. 우리 마음이 먼저 바로 서지 않으면, 우리가 하는 모든 일은 육적인 일에 그치고 마는 것입니다.✚

회심과 전도

서도바울은 한때 기독교를 박해하던 대표적인 사람입니다. 그가 기독교를 열심히 박해할 때, 그는 자신이 하나님을 사랑하는 줄 알았습니다. 그래서 그는 예루살렘과 유대만이 아니라 사마리아와 땅 끝까지 가더라도 기독교인들을 체포하고 기독교 전파를 막으려고 했습니다. 그래서 그는 이웃나라 도시인 다메섹까지 가려고 합니다. 기독교인들을 체포하려는 것입니다. 다메섹에는 많은 유대인들이 살았고 유대인들의 회당이 여러 군데 있습니다.

바울이 되기 이전의 사울은 예루살렘의 대제사장과 권세자들로부터 정식 공문을 받아들였습니다. "유대인들의 모든 회당에서는 예수의 제자들이 복음 전하는 것을 금할 것이며 그런 복음 전하는 자는 체포하여 예루살렘으로 붙잡아 오라."는 것입니다.

사도행전 9장 1절과 2절 말씀은 이렇게 전하고 있습니다. "사울이 주의 제자들에 대하여 여전히 위협과 살기가 등등하여 대제사장에게 가서 다메섹 여러 회당에 가져갈 공문을 청하니, 이는 만일 그 도를 따르는 사람을 만나면 남녀를 막론하고 결박하여 예루살렘으로 잡아오려 함이라." 사울은 위협과 살기가 등등했다고 합니다. 하나님과 율법을 위하여 유대민족을 위하여 그 어떤 어려움도 내가 당하리라. 내가 어떤 비난을 받더라도, 율법을 거스르는 예수의 제자들을 단속하고 체포하리라……. 사울은 살기가 등등한 것입니다. 그래서 공회와 대제사장들로부터 권한을 위임받고 정식 공문도 받아 들었습니다. 어디든지 가서 예수의 가르침을 전하는 자들은 남녀를 막론하고 결박해서 예루살렘으로 잡아오려는 것입니다.

그렇게 하는 동안에 사울은, "나는 하나님을 열심히 사랑하는 것이라."고 생각했습니다. 그러니까 죽도록 열심히 그 일을 했습니다. 그렇게 열심히 이웃나라 다메섹이라는 도시로 가는데, 그 가던 길에서 생각지 못한 일이 일어나고 말았습니다. 한참 열심히 길을 가는 중에 하늘로부터 갑자기 강한 빛이 사울을 비추더니 사울의 눈이 캄캄해지면서 그만 땅에 쓰러지고 말았습니다.

그렇게 눈이 멀어 쓰러진 상태에서 하늘로부터 사울을 향하여 들려오는 음성이 있습니다. "사울아! 사울아! 네가 어찌 나를 핍박하는가?" 하늘로부터 들려오는 음성이 분명합니다. 사도행전 9장 3절과 4절 말씀은 이렇게 전하고 있습니다. "사울이 길을 가다가 다메섹에 가까이 이르더니 홀연히 하늘로부터 빛이 그를 둘러 비추는지라 땅에 엎드러져 들으매 소리가 있어 이르시되 사울아 사울아 네가 어찌하여 나를 박해하느냐"

그렇게 열심히 다메섹을 향하는 것이 하나님을 위한 길이요 율법을 위한 길이라 생각했는데, 그래서 많은 어려움을 무릅쓰고 오직 이 길을 열심히 걸어가는 것인데, 그런데 어느 순간에 사울은 그 길 위에 눈이 먼 채로 쓰러지고 말았습니다. 하늘로부터 들려오는 음성을 들은 것입니다. "사울아! 사울아! 너가 어찌 나를 고통스럽게 하는 것이냐?" 하늘로부터 하나님께로부터 들려오는 음성인 것이 분명한데, 그 음성이 나를 향하여 "너가 어찌 나를 괴롭게 하는가?" "너가 어찌 이렇게 하나님을 핍박하는 것이냐?" 그런 음성이 들려오는 것입니다.

이제까지 사울은 분명한 확신을 가지고 살아왔습니다. 어렵지만 이 길이 옳은 길이라는 믿음을 가지고 열심히 계속 가려고 한 것입니다. 그런데 지금 하늘로부터 들려오는 이 음성은 사울이 걸어온 모든 길을 한마디로 부정하는 음성입니다. 이제까지 사울은 하나님을 위해서 살아온 것이 아니라 하나님을 고통스럽게 만드는 인생을 살아왔다는 것입니다.

하늘로부터 들려오는 음성이 이르시기를 "너가 어찌 나를 박해하느냐?" 그러니까 그 음성은 이제까지 살아온 사울의 인생 전체를 잘못된 것이라 말하고 있습니다. 지금 너가 그렇게 열심히 걸어가는 그 길은 하나님을 고통스럽게 만드는 길이라는 것입니다.

하늘로부터 갑자기 놀라운 빛이 임하면서 사울은 눈이 멀어 쓰러졌고 그 상태에서 사울은 그 음성을 들은 것입니다. 눈이 먼 채 길 가운데 쓰러진 사울은 처참한 심정으로 하늘을 향하여 이렇게 묻습니다. "주여 누구십니까?" 그러자 하늘로부터 이런 음성이 들려옵니다. "나는 너가 박해하는 예수라!" "나는 너가 그렇게 열심히 핍박해 온 예수니라!" 그 음성을 듣는 순간에, 더 이상의 말씀이 없고 설명이 없어도 사울은 이제까지 그가 걸어온 모든 길이 잘못된 것임을 단번에 깨닫게 되었습니다.

그렇게 쓰러진 상황에서 사울은 아마도 스데반 집사를 떠올렸을 것입니다. 그렇게 열심히 예수 그리스도를 외치던 스데반을 돌로 쳐 죽이는 일에 있어서 사울은 책임이 있는 사람입니다. 사도행전 7장 58절 말씀을 보면, 사울은 스데반의 순교 현장에서 스데반을 죽이는 일에 있어서 책임자인 것처럼 나타납니다. 그러니까 이제까지 사울이 살아온 인생 전체가 하나님을 고통스럽게 한 것이요, 하나님의 백성인 그리스도인들을 핍박하고 체포하고 그리고 죽여 온 인생인 것입니다. 그런 생각을 하면서 처참한 절망감에 사로잡혀 있을 때 하늘로부터 다시 음성이 들려옵니다. 그 사울로 하여금 새로운 길을 걷게 하는 회심 이후의 첫 발자국을 가리키는 음성인 것입니다. ✙

모세의 마지막 모습

예수님께서는 알면서도 모르시는 것처럼 사셨습니다. 알면서도 체포되셨고, 알면서도 십자가를 향하셨고, 이렇게 가면 자신이 죽게 될 것을 다 아시면서 그 길로 가셨습니다. 예수님께서는 알면서도 그렇게 하셨습니다. 나중에 제자들이 그 모든 사실을 깨닫게 되었을 때 예수님의 제자들은 자신들의 마음 깊은 곳으로부터 예수님을 향하여 죄송한 마음을 금할 길이 없습니다. 우리를 위하여 고난당하시고 우리를 위하여 십자가에 달리신 예수님인데 우리는 예수님 몰래 우리 살 궁리만 했습니다. 예수님은 다 아시면서 모르는 것처럼, 자신이 가야 할 길을 가신 예수님이십니다. 그걸 깨닫게 된 제자들이 마음을 돌이켜 회개했을 때 제자들은 마음 깊은 곳으로부터 돌아서게 됩니다.

복음은 머리로 생각하고 입술로 말하는 머리의 싸움이기 이

전에 먼저 마음의 변화를 추구하는 것입니다. 마음이 변하고 영혼이 변해야만, 사람의 마음 깊은 곳이 변해야만, 전에는 등을 돌렸던 그 십자가를 향하여 이제는 정면으로 나아갈 수 있습니다. 그렇게 마음 깊은 곳으로부터 돌아선 제자들에 의하여 복음은 순교의 피를 흘리면서 땅 끝을 향하여 흘러가게 된 것입니다.

구약성경, 그러니까 히브리 성경의 백성인 유대인들이 가장 귀하게 생각하는 하나님의 종은 모세입니다. 유대인들은 율법의 백성인데, 하나님의 율법은 모세를 통하여 주어졌습니다. 그러니까 율법의 백성인 유대인들에게 있어서 모세는 가장 소중한 인물인 것입니다. 우리 기독교인들이 예수 그리스도를 소중하게 생각하는 것처럼, 유대인들은 모세를 가장 소중하게 생각합니다. 유대인들의 마음속에는 모세가 자리잡고 있다는 말씀입니다. 예수님만큼은 아니지만 저의 마음속에도 모세가 자리잡고 있습니다. 특히 신명기 마지막 34장에 나오는 모세의 모습은, 저의 마음 깊은 곳 어딘가에 항상 자리잡고 있습니다.

모세는 이스라엘 백성을 이끌고 광야 40년을 걸어갑니다. 출애굽하여 홍해를 건너고 광야를 건너서 약속의 땅을 향하여 걸어가는 것입니다. 그런 모세는 광야 40년을 다 마치고 약속의 땅 가나안으로 들어가기 직전에, 모압땅 느보산에서 최후를 마치게 됩니다.

40여 년을 애굽 궁궐에서 살았고, 40여 년은 광야에서 연단을 받았으며, 그리고 나서 40여 년을 하나님의 종으로서 광야 길을 걸어온 모세가 약속의 땅을 눈앞에 두고서 세상을 떠나갑니다. 하나님의 뜻을 따라 옳은 길을 가다가 젖과 꿀이 흐르는 약속의 땅에 들어가기 직전에 모세는 세상을 떠난 것입니다.

바로 그 점이 모세가 다른 사람들과는 다른 점이라고 생각됩니다. 모세가 저의 마음 깊은 곳에 항상 머물고 있다면 바로 그 점 때문입니다. 훌륭한 일을 많이 했는데, 그래서 유명하게 되고 인생 말년이 영화롭게 되는 그런 일은 얼마든지 있을 수 있습니다. 그런데 그렇게 많은 어려운 일을 하다가 약속의 땅을 눈앞에 바라보면서 세상을 떠난 모세가 뭐라고 말할 수 없을 만큼 훌륭하게 생각됩니다. 올바른 일을 했다 하나, 살아서 영광을 받은 사람들은 그렇게 대단하게 생각되진 않습니다. 나쁜 일만 하다가 세상 떠난 사람들에 대해서는 생각하기도 싫습니다.

사람들의 마음속에 남아 있는 훌륭한 사람들은 누구인가? 옳은 길을 걸어가면서 고난을 당했는데도 불구하고 이 세상에서 특별한 영화를 누리지 못하고 우리 곁을 떠나간 사람들입니다. 올바른 일을 하다가 죽어간 사람들만이 살아남은 사람들의 마음속에 자리잡게 되는 것입니다. 예수님이 바로 그런 분이십니다. 하나님의 뜻을 좇아 옳은 길을 걷다가 세상을 떠나신 예수님은, 아버지 하나님의 마음 한가운데 깊은 곳에 계십니다. 그리고 지금 이 순간에도, 이 세상에서 가장 많은 사람들의 마음속을 차지하고 계시는 것입니다. ✝

예루살렘에서 안디옥으로

제가 일 년에 한 번 이상은 찾아가야 하는 두 개의 도시
가 있습니다. 우선은 저 남쪽에 있는 고향을 찾아가야
합니다. 그곳이 저의 고향이고 저의 어머님과 형제들이 거기서
살고 계십니다. 그런데 오랜만에 찾아가 보면 고향은 별다른
변화가 없습니다. 건물이 세워지고 도로가 새롭게 만들어지고
외적인 변화는 계속 일어나고 있는데, 거기서 살아가는 사람들
의 삶의 방식이나 인간관계를 맺는 방식은 예전이나 지금이나
달라진 것이 없습니다. 고향의 이웃들이나 친구들은 옛날처럼
저를 대하려고 합니다. 아직 신앙이 없는 친구들은 그야말로
옛사람처럼 저를 대하려고 합니다. 그러니까 저가 태어나고 성
장한 저의 고향은, 저에게는 변화를 거부하는 곳으로 보입니다.
인간적인 전통과 옛날을 그대로 간직하려는 도시인 것입니다.
변화를 거부하는 곳이라는 점을 생각하면 고향은 참으로 답답

하게 보일 때가 있습니다.

그 고향의 도시 말고 또 다른 도시가 있습니다. 저 러시아 남서쪽에 블라디카프카즈라는 도시가 있습니다. 그 지역에 우리가 세우고 후원하는 교회가 있기 때문에 저는 주기적으로 그 곳을 찾아갑니다. 그 곳을 찾아갈 때마다 그 도시는 저에게 무언가 새로운 것들을 생각하게 만듭니다. 그 곳에는 러시아 정교회라는 기독교가 있고 이슬람교도 있습니다. 그 곳에 가면 그런 사람들을 만나야만 합니다. 이슬람 성직자를 만날 때도 있습니다. 우리 개신교에 대해서 반감을 나타내는 젊은이들을 만나기도 합니다. 그러면서 저는 새로운 도전을 받고 또 선교의 새로운 방향을 생각하게 됩니다.

블라디카프카즈 근처에서 드물지 않게 테러 사건이 일어나고 오고 가는 과정도 간단치가 않지만 그 도시는 끊임없는 변화의 과정 중에 있습니다. 많은 어려움과 아울러서 끊임없는 도전을 받게 하는 도시가 바로 블라디카프카즈입니다. 저의 고향 도시가 저에게 옛날 사람으로 남을 것을 요구한다면, 선교지의 도시는 저에게 마음을 열고 변화될 것을 요청합니다. 전통과 옛날을 상징하는 고향의 도시가 있고, 변화와 개방과 선교를 요청하는 선교지의 도시가 있습니다. 저의 마음 속에는 그렇게 두 개의 도시가 있는 것입니다.

사도행전 당시에 예수님의 제자들에게도 아주 중요한 두 개의 도시가 있었습니다. 첫째로, 유대인들에게나 기독교인들에게나 누구에게나 영원히 중요한 도시가 있습니다. 예루살렘이라는 도시입니다. 예루살렘은 이 세상 누구에게나 잘 알려진 도시입니다. 구약성경의 중심이요, 유대인들의 성전이 있는 도시요, 온 세상 모든 사람들에 대하여 계시와 전통의 도시가 바로 예루살렘입니다. 그런데 그 예루살렘은 변화를 거부하는 도시로 나타날 때가 있습니다. 성전의 대제사장들과 서기관들은 아브라함의 전통과 옛 것을 고집합니다. 예루살렘은 전통을 소중히 여기는 사람들로 가득합니다. 그 예루살렘 말고 또 다른 도시가 있습니다.

전통과 옛것으로 가득한 도시가 예루살렘이라면, 변화와 개방과 선교를 의미하는 도시가 있습니다. 그 도시는 바로 안디옥입니다. 전통과 옛것을 주장하는 율법주의자들이 예루살렘에 모여 있다면, 안디옥에는 성령 충만한 선교와 개방과 변화의 사람들이 모여 있습니다. 사도바울이 되기 이전의 사울이 예루살렘 사람이라면, 변화 받은 이후의 사도바울은 안디옥 사람입니다. 유대 율법주의자와 전통주의자들이 주로 예루살렘에 살고 있다면, 안디옥에는 변화된 기독교인들이 살고 있습니다. 그런 안디옥에서 처음으로 크리스천이라는 이름이 생겨났습니다.

　예루살렘 사람들은 과거와 전통에 근거하여 해석하는 일에 관심이 많습니다. 그 사람도 아브라함의 후손인가? 그 사람은 모세의 율법을 지키는가? 그 사람도 우리처럼 할례를 받았는가? 그 사람은 식사할 때 율법을 지키는가? 예루살렘 사람들은 주로 그런 생각을 하면서 살아가는 것입니다. 예루살렘 사람들이 사도바울을 바라볼 때 사도바울은 전통적인 의미에서 예수님의 사도라고 볼 수 없습니다. 사도라면 당연히 예수님과 함께 동거동락하면서 함께 다니던 사람이라야 하는데……. 사도바울은 열두 제자들과는 다른 과거를 살아온 것입니다.

　그런데 성령 충만하여 예루살렘으로부터 사마리아와 땅 끝까지 복음을 전하는 일에 있어서 가장 많은 역할을 한 사람은 의외로 사도바울입니다. 부활 승천하신 예수님께서 남기신 가장 중요한 말씀 "예루살렘과 온 유대와 사마리아와 땅 끝까지 가서 복음을 전하라." 그 말씀을 가장 충실히 따른 사람은 사도바울인 것입니다.

　　베드로도 선교에 참여했고, 의심 많은 도마도 저 인도까지 선교했다는 이야기가 있기는 합니다. 그렇지만 성령 충만과 변화와 선교에 대한 이야기들은 주로 사도바울과 관련되어 있습니다. 베드로와 열두제자들이 예루살렘 근처에 있다면, 사도바울은 안디옥으로부터 온 세상을 향하고 있는 중입니다. ✚

천지창조에 대하여

과학자들이 천지창조에 대하여 말할 때, 이런 주장을 합니다. 태초에 밀도가 아주 높은 단단한 물질이 있었는데, 그 물질이 엄청난 힘으로 폭발(Big Bang)을 일으키면서 우주가 만들어지기 시작했다는 것입니다.

어떤 우상의 종교들은 천지창조에 대하여 이런 방식으로 설명합니다. 남신과 여신의 육체관계를 통해서 물질세계가 만들어지고 또 움직여 간다는 것입니다. 그런 이야기는 결국 인간들의 인간적인 이야기에 불과합니다. 인간의 경험이나 인간의 소원들이 모여서 신화를 만들어 내는 방식의 이야기들입니다.

그런데 성경의 창세기를 통하여 주어진 하나님의 말씀은 그런 이야기들과 근본적으로 다른 것입니다. 이방종교가 말하는 이야기나 과학자가 주장하는 이야기는 그 처음에 무언가가 있었다고 주장합니다. 천지창조가 시작될 때, 그 때 거기에 무언가가 있었다는 이야기입니다. 맨 처음에 어떤 가능성이 있었는데 그 가능성을 커다랗게 만들거나 새롭게 만들어서 새로운 세계가 시작되었다는 그런 주장을 하는 것입니다.

그런데 천지창조에 대한 하나님의 말씀은 "태초에 하나님이 천지를 창조하시니라." 하면서 창조의 이야기가 시작됩니다. 아무 것도 없는 가운데 오직 하나님의 말씀이 새로운 세상을 열었다는 것입니다.

그런데 그게 왜 중요한 것인가? 처음에 가능성이 있었든 없었든 간에, 그게 그렇게 중요한가? 그게 아주 중요한 이야기입니다. "아무런 가능성이 없는 가운데 천지창조가 시작되었다."는 그 점이 특히 우리의 신앙생활에서 아주 중요합니다.

세상 사람들이 세상에서 살아가는 방식은 가능성을 확대해 나가는 방식입니다. 처음에 가능성이 얼마큼 있었는데 그 가능성과 통계와 확률을 높여 가는 방식으로 현실을 살아갑니다. 그러니까 "작더라도 자본이 좀 있어야 돈을 버는 것이고…….. 있는 사람과 어울리기라도 해야 돈 벌 기회가 생기는 것이라."는 그런 방식으로 생각하며 살아가는 것입니다. 그런데 하나님의 천지창조 방식은 그런 것과는 전혀 다른 것입니다. 하나님께서는 아무 것도 없는 가운데 오직 하나님의 말씀으로 창조하셨고, 또 그렇게 하시기를 원하십니다. 인간의 도움이나 이 세상의 가능성을 활용해서 천지를 창조하신 것이 아니라는 말씀입니다.

예수님의 생애를 생각해 보시기 바랍니다. 예수님께서 공생애 사역을 시작하실 때 제자들은 "예수님께는 무한한 가능성이 있다."고 생각합니다. 물고기 두 마리와 떡 다섯 개로 엄청나게 많은 사람을 먹이셨을 때, 풍랑 이는 바다 위를 걸어가실 때, 소경의 눈을 뜨게 하셨을 때, 죽은 지 여러 날 지난 나사로를 다시 살리셨을 때……. 제자들이 보기에 예수님은 모든 가능성을 한 몸에 지니신 분이십니다.

그런데 예수님께서는 제자들의 생각과는 반대로 점차 불가능을 향하신 것으로 보입니다. 십자가를 며칠 앞두고서는 세상적 가능성과는 정반대의 말씀을 하셨습니다. "이제 내가 예루살렘으로 올라가면 대제사장 무리들이 나를 체포할 것이고 죽일 것이라."고 하셨습니다. 그러면서 예수님께서는 그 십자가를 향하여 나아가셨습니다.

십자가는 죽음과 절망의 장소입니다. 그 어떤 가능성도 다 끝장나는 그런 자리가 바로 골고다요 십자가인 것입니다. 그런데 그렇게 모든 가능성이 다 사라지고, 모든 희망이 다 사라지고, 모든 생명이 죽음으로 변해 버린 그 십자가와 무덤에서, 바로 거기서부터 다시 살리는 하나님의 능력이 나타나기 시작한 것입니다. 이 세상 어두움의 권세가 예수 그리스도를

절망과 죽음의 무덤에 가둔 후에, 모든 것이 불가능으로 바뀐 다음에,
아무런 가능성이 없는 그 상황에서, 하나님께서는 다시 살리는 부활의
능력으로 나타나신 것입니다.

그러니까 창조의 역사나 구원의 역사나 바로 그 점에서는 동일합니다. 하나님께서 기존의 세상적 가능성을 높이는 방식으로 일하신 것이 아니라는 말씀입니다. 아무 것도 없는, 아무런 가능성도 남아 있지 않는 그곳에서부터, 하나님의 가능성은 나타나기 시작한 것입니다.

천지창조의 말씀은, 예수님을 다시 살리신 부활의 말씀은, 불가능에서부터 시작된 말씀인 것입니다. 우리가 그 말씀을 믿고 사는 백성이라면 우리에게서도 그와 동일한 일들이 나타나기 시작할 것입니다.

나에게는 아무 것도 남은 것이 없는데……. 이제는 아무런 가능성이 없는데……. 아무런 희망도 남아 있지 않은데……. 바로 거기서부터 천지창조가 시작되었고, 바로 거기서부터 부활의 능력이 나타나기 시작한 것입니다. 그러니까 천지창조의 빛은, 구원의 빛은 깊은 흑암에서부터 나타나기 시작했다는 말씀입니다. 그 말씀을 믿는 백성이 하나님의 백성입니다.✚

마음에 기록되는 말씀

히브리서8:8 — 10

오늘은 사순절의 첫 번째 주일입니다. 교회는 부활절이 오기 이전 사십 일간을 사순절이라고 해서 회개와 경건의 절기로 삼아 왔습니다. 교회 생활이 세속화되다 보니까 교회의 절기를 중요하게 생각하는 사람들이 많지 않습니다. 그렇지만 교회의 절기는 시간 속에 들어 있는 하나님의 약속이라고 믿으면서 절기를 성실하게 지킬 필요가 있습니다.

우리가 절기를 소중하게 생각하는 만큼 하나님께서는 우리의 믿음대로 이루어 주실 것입니다. 다른 때는 기도를 소홀히 했더라도, 특히 이 사순절 기간 중에는 열심히 기도하시기 바랍니다. 가능하면 오락이나 잔치 같은 행사를 절제하는 것도 사순절에 우리가 지켜야 할 기독교 전통에 해당합니다.

히브리서 8장 10절은 이렇게 전하고 있습니다. "또 주께서 이르시되 그날 후에 내가 이스라엘 집과 맺을 언약은 이것이니

내 법을 그들의 생각에 두고 그들의 마음에 이것을 기록하리라." 내가 내 법을, 하나님께서 하나님의 말씀을 우리의 마음에 기록하시겠다고 합니다. 전에는 내 머리와 입술과 귀에 머물러 있던 말씀인데 이제는 그 말씀이 내 마음에 기록된다고 합니다. 시편 119편 67절 말씀은 이렇게 전하고 있습니다. "고난당하기 전에는 내가 그릇 행하였더니 이제는 주의 말씀을 지키나이다." 그리고 시편 119편 71절 말씀은 이렇게 전하고 있습니다. "고난당한 것이 내게 유익이라. 이로 말미암아 내가 율례들을 배우게 되었나이다." 내가 고난을 모르고 살 때는 하나님의 말씀을 들어도 마음 속 깊이 들어오기는 어려웠습니다. 그런데 깊고 어두운 고난의 터널을 지나는 동안에 하나님의 말씀이 내 영혼 깊은 곳으로 들어오기 시작합니다. 하나님께서는 그런 방식으로 우리의 영혼을 깊숙이 파헤쳐서 거기에다가 말씀의 씨앗을 심으시겠다는 것입니다.

히브리서 6장 7절과 8절 말씀은 이렇게 전하고 있습니다. "땅이 그 위에 자주 내리는 비를 흡수하여 밭 가는 자들이 쓰기에 합당한 채소를 내면 하나님께 복을 받고, 만일 가시와 엉겅퀴를 내면 버림을 당하고 저주함에 가까워 그 마지막은 불사름이 되리라." 여기서 땅은 우리의 마음 밭을 의미합니다. 자주 내리는 비는 하나님의 은혜, 말씀의 은혜를 의미합니다. 밭 가는 자는 고난과 연단을 통하여 우리 마음 밭을 갈아엎으시는 성령이십니다. 그러니까 우리의 마음 밭이 하나님의 은혜를 받아서 하나님 보시기에 합당한 채소와 열매를 내면 하나님의 복을 받을 것이요, 그렇지 않고 가시와 엉겅퀴를 내면 우리는 하나님께로부터 버림을 받는 것입니다. 우리의 마음 밭에서 미움과 분노의 가시와 탐욕과 향락의 엉겅퀴만 나타난다면, 우리는 하나님께로부터 버림을 받고 결국은 저주와 불사름에 처해진다는 말씀입니다. 그러니까 고난당한 것이 내게 유익이라, 고난과 연단을 통하여 하나님께서 내 마음 밭을 깊숙이 쟁기질하신 후에 내 마음 깊은 곳에 하나님의 말씀을 심으십니다.

그러니까 우리 마음은 언제나 이런 마음이 되어야만 합니다. 하나님께서 우리 마음을 밭으로 삼으사, 말씀의 씨앗을 심으실 수 있어야 하는 것입니다. 우리 마음에 말씀이 심어지면서, 우리 영혼은 하나님의 소유가 됩니다. 말씀의 싹이 마음 깊은 곳으로부터 솟아나와야만 신앙과 기적의 사건들이 나타나는 것입니다. 그러니까 마음 밭에서 가시와 엉겅퀴만 나는 그런 밭은 하나님 보시기에 합당치 못합니다.

사순절은 그리스도의 고난을 깊이 묵상하는 절기입니다. 고난을 통하여 마음 밭이 쟁기질 당하면서 우리 마음은 하나님의 밭으로 변해 가는 것입니다. 바로 그런 변화가 이 사순절에 우리가 목표로 삼아야 하는 변화인 것입니다.

인생을 살아가는 동안에 우리는 원인을 알 수 없는 고난을 당하고 위기를 거쳐 갑니다. 그럴 때마다 우리는, 염려와 근심과 두려움에 시달립니다. 바로 그런 염려와 근심과 두려움을 통하여 하나님께서는 우리의 마음 밭을 쟁기질하기 원하십니다. 여러 가지 고난과 위기가 다가올 때, 그것은 우리 마음 깊은 곳에 하나님의 말씀을 심으려는 하나님의 손길인 것을 믿으시기 바랍니다.

"내가 나의 말씀을 너의 마음 깊은 곳에 기록하리라." 하나님의 말씀을 마음 깊이 기록하시면서 사순절을 살아가시기 바랍니다.✛

구원의 창시자

성경에 나오는 위대한 지도자들이 어떤 방식으로 인생을 살았는지 생각해 보시기 바랍니다. 요셉이나 모세나 사도바울이나, 그들의 인생에는 아주 비슷한 점들이 나타납니다. 그들 모두에게 어떤 열정이 있었습니다.

그렇게 열심히 꿈꾸고 그렇게 열심히 일하다가, 그들은 어느 순간에 좌절을 맛보게 됩니다. 그들은 인생을 열심히 살다가 생각지 못한 어려움을 당한 것입니다. 그리고 그들은 죽은 사람처럼 사라지고 말았습니다. 요셉은 어디론가 팔려 가서 죽은 사람처럼 되고 말았습니다. 미디안 광야로 도피한 모세는 사십여 년 동안 잊혀진 사람처럼 사라지고 말았습니다. 회심 이후 사도바울은 잊혀진 인간이요 쫓겨난 인간이 되고 말았습니다.

성경적인 표현 방식에 의하면 그들은 잠시 동안 고난당한 것이요, 잠시 동안 잊혀진 것이요, 잠시 동안 죽은 것입니다. 그렇게 잠시 동안 고난당하고 잊혀지고 잠시 죽은 동안에 그들은 잠시 동안 죽으신 예수님을 닮아 갑니다. 맏아들이신 예수님의 동생처럼 변해 가는 것입니다. 요셉이나 모세는 아직 예수님을 몰랐다 해도, 그들도 역시 잠시 동안의 고난을 통하여 예수 그리스도를 닮아 갑니다. 그러다가 때가 차매 하나님께서는 그들을 애굽의 총리로, 출애굽의 종으로, 그리고 최고의 복음 전도자로 다시 일어서게 하셨습니다.

그들을 통하여 십자가와 부활의 복음이 전파될 때 그 복음의 내용은 바로 그런 것입니다. 그들이 삶으로 몸으로 체험한 삶의 내용이 곧 복음인 것입니다. 하나님으로 인하여 잠시 동안은 고난을 당하고 죽은 자처럼 되었으나, 하나님께서는 그들을 그 어둠 속에 오랫동안 두시지 않고 때가 차매 그들을 다시 일으키셨다는 말씀입니다.

베드로전서 5장 6절 말씀은 이렇게 전하고 있습니다. "그러므로 하나님의 능하신 손아래에서 겸손하라. 때가 되면 너희를 높이시리라." 잠시 동안 하나님의 아들을 낮추신 아버지 하나님께서는 때가 차매 그를 높이사 만군의 주가 되게 하셨습니다. 잠시 동안 요셉을 어두움과 감옥으로 보내신 하나님께서는 때가 차매 그를 애굽의 총리가 되게 하셨습니다. 잠시 동안 사울을 어디론가 몰아내신 하나님께서는 때가 차매 그를 최고의 복음전도자로 돌아오게 하셨습니다. 잠시 동안 우리를 낮추신 하나님께서는 때가 차매 우리를 높이신다는 말씀입니다.

그렇다면 고난당하고 잊혀지고 죽는 것은 알겠는데, 그 잠시 동안이라는 것은 도대체 얼마나 잠시 동안인가? 모세처럼 40년씩이나 지나야 그게 잠시 동안인가? 요셉처럼 적어도 십 년은 넘어야 그게 잠시 동안인가? 사도바울처럼 15년 가까운 세월 동안 연단을 받아야 그게 잠시 동안인가? 그런데 예수님의 십자가와 부활 사이는 그야말로 잠시 동안이었습니다. 날수로는 사흘이지만 시간으로는 사십 시간 정도입니다. 우리는 그 잠시 동안에 관심이 많을 것입니다.

그런데 사도행전 1장 7절과 8절 말씀대로, "때와 기한은 아버지께서 자기의 권한에 두셨으니 너희가 알 바 아니요. 오직 성령이 너희에게 임하시면 너희가 권능을 받고 예루살렘과 온 유대와 사마리아와 땅 끝까지 이르러 내 증인이 되리라." "그 때가 언제인가?" 하는 것은 하나님께 맡기고, 복음과 선교를 위하여 스스로 고난당하는 성도들을 존귀와 영광으로 이끌어 가시는 것이 하나님의 방법이요 복음의 내용인 것입니다.✚

영혼의 목마름

전도서1:7,8

요한복음4:14—19

교회 다닌 지가 이미 오래 되었습니다. 성경공부도 꽤 했고 세례 받은 지도 오래 되었습니다. 교회 직분도 받았고 나름대로 봉사도 열심히 하는 편입니다. 예배에도 열심히 참석하는데……. 그런데 내 영혼에 기쁨이 없고 평안이 없습니다.

어떤 정신적인 목마름을 느낄 때 우리는 그게 구체적으로 어떤 문제인지 올바로 깨닫기가 어렵습니다. 깨닫기가 어려우니까 문제를 해결하는 것은 더 어려운 일입니다. 그러니까 정신적인 갈증을 느끼면 세상 사람들이 하는 방식대로 해결하려는 사람들이 있습니다. 그래서 취미생활을 하는 사람이 있고 술을 마시면서 해결하려는 사람도 있습니다. 그런데 정신적인 갈증이 그런 방식으로 해결되지 않는다는 것은 누구나 잘 아는 사실입니다. 당장에 이끌리는 습관과 욕망을 못 참아서 그렇지, 그게 해결의 방법이 아니라는 것은 누구나 잘 아는 사실입니다.

지금으로부터 이십여 년 전에 저 남쪽 어느 바닷가 백사장에서 이상한 강아지를 본 적이 있습니다. 넓고 긴 바닷가 모래사장을 캥캥거리면서 열심히 뛰어다니는 강아지를 본 적이 있습니다. 캥캥거리면서 뛰어다니다가 목이 마른지 바닷물을 열심히 마셔 댑니다. 그러고 나서 다시 백사장을 열심히 뛰어다니면서 캥캥거리고, 그러다가 목이 마른지 또 다시 바닷물을 열심히 들이킵니다. 그러고 나서 뛰어다니다가 캥캥거리고 그러다가 다시 바닷물을 마시고……. 그러기를 반복하면서 조그만 강아지가 정신을 못 차립니다.

그런 강아지를 한참 지켜보던 할아버지 한 분이 그 강아지를 발길로 걷어차면서 저 육지 쪽으로 몰아내었습니다. 그러자 강아지는 바닷가를 떠나 열심히 육지를 향하여 달려가고 말았습니다.

목마른 강아지는 바닷물을 보면서 저 물을 마시면 갈증이 해소될 줄 알았습니다. 그런데 바닷물을 마실 때는 그게 물 같은데 조금 있으면 갈증만 더하게 됩니다. 그래서 그 갈증을 해결하려고 다시 바닷물을 마시고, 그러면 더 갈증을 느끼고……. 그런 일을 반복하는 동안에 강아지는 캥캥거리고 뛰어다니는 일을 반복했습니다.

그 강아지의 목마름을 해결하는 길은, 우선은 그 강아지를 해변으로부터, 바닷물로부터 멀리 쫓아내는 것입니다. 마시면 갈증만 더하는 그 바닷물로부터 우선은 쫓아내야 하는 것입니다. 그러니까 바닷가의 할아버지는 한 번의 발길질로 강아지의 문제를 해결해 주신 셈입니다. 당장에는 잔인하게 보일지 모르지만 결국에는 그 강아지를 구해 준 발길질이 되었을 것입니다.

겉으로 보기에는 물인 것이 분명합니다. 그런데 그 물을 가지고서는 나의 목마름을 해결할 수가 없습니다. 겉으로 보기에는, 아주 짧은 시간 동안에는 갈증이 해결된 듯한데……. 그 바닷물은 갈증을 더 심하게 만들 뿐입니다. 우리가 살아가는 세상에는 그런 경우가 수없이 많습니다.

전도서 1장 7절과 8절 말씀은 이렇게 전하고 있습니다. "모든 강물은 다 바다로 흐르되 바다를 채우지 못하며 강물은 어느 곳으로 흐르든지 그리로 연하여 흐르리라……. 눈은 보아도 족함이 없고 귀는 들어도 가득 차지 아니하도다." 강물이 끝없이 흘러 흘러 바다로 가는데, 그렇다고 해서 바다가 가득 채워졌다는 말은 들은 적이 없습니다. 강물은 언제까지나 계속 흐르기만 합니다. 눈은 보고 또 보아도 족함이 없고, 귀는 듣고 또 들어도 만족함이 없습니다. 이 세상의 많은 일들이 그렇습니다. 우리는 사랑받기를 원하고 사랑하기를 원합니다. 사랑하고 사랑받는 그런 관계 속에 인생을 살아가고 싶은 것이 모든 사람의 마음일 것입니다. 그런데 인간들의 사랑에는 언제나 한계가 있습니다.

부모 자식 간의 사랑에도 한계가 있습니다. 남편과 아내 사이 사랑에도 한계가 있습니다. 인간의 사랑은 때로는 한계를 보이고 때로는 배신을 당하기도 합니다. 불완전한 인간이라서, 인간의 사랑도 역시 불완전합니다.

그런데 성령을 통하여 하나님의 사랑이 우리 마음에 임하면 우리는 이전에는 몰랐던 하나님의 사랑, 영원한 사랑의 가능성을 깨닫고 인정하기 시작합니다. 로마서 5장 5절 말씀대로 성령으로 말미암아 하나님의 사랑이 우리 마음에 부어지는 것입니다. 그렇게 살아서 흘러가는 사랑의 관계를 통하여 우리 영혼은 하나님과의 관계를 회복해 갑니다. 그러는 동안에 우리는 "우리의 영적 갈증이 어떤 것인지?" "어떻게 그 갈증이 해결되는지?" 그것을 깨닫게 됩니다. 그러니까 올바른 영성이 있는 사람은 신앙적으로 바른 길을 가는 것입니다. 올바른 영성이 없는 사람은 무언가 열심히 찾아다니기는 하는데, 진정으로 자신에게 필요한 것은 찾아내지를 못합니다. 그런 사람들은 그 바닷가의 강아지와 비슷하게 되고 맙니다. 바닷물과 같은 세상 물을 계속 마시면서 내 영혼의 갈증이 해결되기를 기대한다는 말씀입니다.

나를 멀리하지 마옵소서

하나님의 뜻을 좇아 살려고 애쓰다 보면 어느 순간에 많은 사람들로부터 떨어져 있는 나 자신을 발견하게 됩니다. 많은 사람들은 저편에 모여 있고 나는 혼자서 어떻게 해야 할지 모를 상황에 놓일 때가 있습니다.

나는 분명히 이 길이 옳은 길인 줄 알고 어렵더라도 이 길을 따라 걸어왔는데 어느새 내 주변에는 아무도 안 보입니다. 이게 하나님 보시기에 옳은 길이라면 내가 어려움 중에 기도할 때 하나님께서 응답하셔야 하는데……. 그런데 하나님께서는 응답이 없으십니다. 바로 그런 상황에서 앞서 간 믿음의 조상들은 이렇게 부르짖었습니다. "하나님이여 어찌 나를 버리셨나이까?" "하나님이여 어찌 나를 멀리 하시나이까?"

믿음이 없는 사람이라면 혼자서 올바른 길을 가려고 하지는 않을 것입니다. 믿음이 약한 사람이라면 얼마큼 인내하다가 포기하고 말 것입니다. 그런데 시편 **22**편을 기록한 사람은 분명히 믿음이 있는 사람이요. 믿음이 깊은 사람입니다. 그러니까 어려움이 깊어지고 하나님의 응답이 없다 해도 하나님을 부인하는 그런 말을 하지는 않습니다. 대신에 그는 이렇게 외칩니다. 시편 22편 19절 말씀은 이렇게 전하고 있습니다. "하나님이여 멀리 하지 마옵소서. 나의 힘이시여 속히 나를 도우소서." 그리고 11절 말씀은 이렇게 전하고 있습니다. "나를 멀리 하지 마옵소서. 환난이 가까우나 도울 자 없나이다." "하나님이시여 나를 멀리 하지 마옵소서." 그 말씀이 반복되고 있습니다.

고난이 깊어지고 사람들은 나를 멀리 하고, 나는 열심히 기도하지만 하나님께서는 응답이 없으십니다. 그런 가운데 어려움은 더 깊어져만 갑니다. 나를 공격하는 사람들은 얼마나 세력이 강한지 그들은 힘을 합하여 강력하게 나를 공격합니다. 시편 22편의 12절 13절은 이렇게 전하고 있습니다. "많은 황소가 나를 에워싸며 바산의 힘센 소들이 나를 둘러쌌나이다. 내게 그 입을 벌림이 찢으며 부르짖는 사자 같으니이다." 바산의 황소는 소 중에 가장 크고 강한 소입니다. 그런 소 같은 사람들이 힘을 합하여 나를 공격해 옵니다. 사자가 먹이를 붙잡고 그 이빨로 찢으며 죽이며 부르짖듯이, 그렇게 사납게 나를 공격해 오는 것입니다. 그래서 나는 이미 죽은 사람처럼 되고 말았습니다. 나는 이제 저항할 힘이 없고 더 이상 견딜 힘도 없습니다. 지금 나는 죽은 사람이나 마찬가지입니다. 그에 대하여 14절 말씀은 이렇게 전하고 있습니다. "나는 물같이 쏟아졌으며 내 모든 뼈는 어그러졌으며 내 마음은 밀랍 같아서 내 속에서 녹았으며……." 사람이 살았을 때는 모든 뼈가 서로 잘 만나고 연결되어서 사람의 골격을 이루게 됩니다. 그런데 내 모든 뼈가 어그러졌다는 것은, 이제 나는 더 이상 생명을 유지할 수 없게 되었다는 말씀입니다. 내 마음은 촛불에 밀랍이 녹아내리듯이 그냥 스러져 갑니다. 더 이상 견딜 수가 없다는 말씀입니다. 인간으로서 인내할 수 있는 범위를 넘어서고 있다는 것입니다.

15절 말씀은 보다 더 분명하게 표현하고 있습니다. "내 힘이 말라 질그릇 조각 같고 내 혀가 입천장에 붙었나이다. 주께서 나를 죽음의 진토 속에 두셨나이다." 내 혀가 입천장에 붙었다는 것은 나에게는 더 이상 말할 기력도 없다는 의미입니다. 질그릇이 깨어져 조각조각 나면 그것을 되돌려 붙일 수가 없습니다. 내 생명은 이제 그렇게 조각조각 나고 말았다는 것입니다. 그러니까 시편 22편 말씀은 고난과 고통과 실패에 대해서는 가장 극적인 표현을 하고 있는 것입니다. "하나님이여 어찌 나를 버리시나이까? 하나님이여 나를 멀리 하지 마옵소서." 예수를 믿는 사람들이 신앙의 일생을 사는 동안에 한두 번은 거쳐

가야만 하는, 그런 깊은 고난과 절망에 대한 표현들이 나타나는 것입니다.

그런데 성경 속의 모든 말씀이 그렇듯이, 고난과 어두움에 대해서 처절할 정도로 절실한 표현들이 나오면서도 그것으로 끝나지는 않습니다. 만일에 고난과 어두움과 절망으로 끝나고 만다면, 성경 말씀은 구원의 말씀이 될 수 없을 것입니다. 어두움과 절망으로 끝나는 말씀이라면, 그것은 더 이상 하나님의 말씀이 아닐 것입니다. 그런 깊은 어두움과 절망을 어떻게 극복했는지 그에 대한 말씀은 자세히 나오지 않습니다. 그런데 시편 22편의 22절부터의 말씀은 전혀 다른 분위기를 전하고 있습니다. 어두움의 시대는 가고 빛의 시대가 왔으며, 절망은 사라지고 희망의 시대가 왔으며, 이제 하나님은 멀리 계시지 않고 나에게로 아주 가까이 오셨다는 것입니다. 24절 말씀은 이렇게 전하고 있습니다. "그는 곤고한 자의 곤고를 멸시하거나 싫어하지 아니하시며 그의 얼굴을 그에게서 숨기지 아니하시고 그가 울부짖을 때에 들으셨도다."

"하나님께서는 너가 그렇게 곤고할 때 너를 외면하시거나 싫어하신 것이 아니다. 하나님께서는 너가 울며 기도하며 부르짖을 때 다 들으셨다." 이제 모든 것은 변하고 있는 것입니다. ✛

영적인 신분증

외국 여행을 해 보신 분들은 이런 점을 알고 계실 것입니다. 우리가 미국 어느 공항에서 입국 심사를 받는다고 생각해 보십시오. 그때 미국 공항에서는 우리의 여권을 검사하게 될 것입니다. 먼저 우리의 국적이 어디인지 따지게 됩니다. 이제까지 어떻게 살았는가? 한국 서울에서 착하게 살았는지 아닌지? 그런 것보다 먼저 우리의 신분증, 여권을 따지는 것입니다. 설령 한국에서 범죄를 저질렀다 해도 어느 정도까지는 외국 여행이 허용됩니다. 그 범죄가 심한 경우에는 출국이 어렵고 다른 나라에 입국하는 것도 어렵습니다. 그렇지만 어느 나라에 입국하는 데 우선 중요한 것은 그에게 주어진 신분증입니다. 마찬가지로 우리가 이 세상 떠나서 하나님의 나라에 들어갈 때는 하나님 편에서 발급한 신분증이 필요한 것입니다.

마태복음 16장 18절과 19절을 통하여 예수님께서는 베드로를 향하여 이렇게 말씀하십니다. "내가 이 반석 위에 내 교회를 세우리니 음부의 권세가 이기지 못하리라 내가 천국 열쇠를 네게 주리니 네가 땅에서 무엇이든지 매면 하늘에서도 매일 것이요. 네가 땅에서 풀면 하늘에서도 풀리리라."

하나님께서는 교회와 성도들에게 천국 열쇠를 주셨습니다. 그 교회를 통하여 하나님의 나라에 들어가는 신분증을 받으라는 것입니다. 교회에서 닫히면 하늘나라에서도 닫힐 것이요. 교회에서 열리면 하늘나라에서도 열리리라. 그러니까 하나님 나라에 들어가는 보이지 않는 여권은, 패스포트는 교회에 맡겨진 것입니다. 우리가 살았을 때 믿음을 가지고 교회 생활을 하는 동안에 우리 영혼에 하늘나라의 신분증이 새겨진다는 말씀입니다.

로마서 10장 9절 말씀대로, "네 입으로 예수를 주로 시인하며, 하나님께서 그를 죽은 자 가운데서 다시 살리신 것을 네 마음에 믿으면 구원을 얻으리니……." 네 마음에 믿으면 구원을 얻으리니……. 하늘나라의 신분증, 구원의 패스포트는 "예수를 믿는 내 마음에 우리 영혼에" 새겨지는 것입니다. 내 영혼에 "나는 그리스도인이라."는 영적인 신분증이 새겨져야 하는 것입니다. 보이지 않는 영적인 패스포트를 지녀야만 하나님의 나라에 들어가게 된다는 말씀입니다. 아무리 착한 행동을 했다 해도, 그 마음에 믿음이 없으면 영적인 신분증이 없으면 하나님의 나라에 들어갈 수 없는 것입니다.

그 마음에 믿음이 있고 시절을 좇아서 믿음의 열매를 보이면, 그 사람은 당연히 하나님의 백성입니다. 그런데 요즘은 이 사람이 하나님의 나라 백성인지 아닌지를 구분하기가 점점 더 어려워져 갑니다. 때를 따라서 믿음을 보이고 열매를 보이면, 아 저 사람은 하나님의 백성이로구나……. 간단하게 구분할 수 있습니다. 그런데 도대체 열매가 없으니 저 사람이 과연 하나님 나라의 백성인지 아닌지 구분하기가 어려워져 가는 것입니다. 그렇다면 왜 열매가 없는가? 그에 대해서 마태복음 13장 말씀은 세 가지로 구분합니다.

세 가지 중에서 첫째는 이런 경우입니다. 밭에다가 씨앗을 뿌렸는데, 당장에는 싹이 나고 열매를 맺을 듯이 보였습니다. 그런데 조금 기다려 보니까 이전과 똑같아지더라는 것입니다. 싹이 나고 잎사귀를 맺을 듯하더니 금방 시들고 말더라는 말씀입니다.

말씀의 씨앗이 그 사람의 마음 밭에 떨어져서, 마음 깊숙이 뿌리를 내려야 싹이 나고 잎사귀가 나고 열매를 맺을 텐데……. 그런데 마음 깊숙이 뿌리를 내리는 그 일이 잘 안 되더라는 말씀입니다. 조금 뿌리를 내리는가 싶더니, 더 이상은 뿌리가 자라지 못합니다. 마음 밭이 굳어 있기 때문에 더 이상은 뿌리가 자라지 못하는 것입니다.

그런가 하면 이런 경우도 있습니다. 말씀을 듣기는 하는데, 귀로 듣고 머리로 판단하고 이렇게 저렇게 생각하는 동안에 그 말씀이 마음 속에 스며들지는 못하는 것입니다. 말씀의 씨앗이 마음 밭에 심겨야 싹을 내든지 말든지 할 텐데……. 말씀의 씨앗이 마음까지 가지 못하고, 대충 귀와 머리에서 걸러지고 맙니다. 예리한 판단과 이성적인 분석 같은 것들이 가시덤불의 역할을 해서 하나님의 말씀이 내 마음 밭에 다가오지를 못하는 것입니다. 말씀에 대해서 들어서 아는 것은 많은데 마음 속 깊이 스며든 말씀은 없습니다. 그러니까 열매가 나올 수 없는 것입니다.

이런 경우도 있습니다. 어느 사람의 마음 밭에 말씀의 씨앗이 떨어져 심겨지려 하는데, 갑자기 새가 날아와서 씨앗을 쪼아 먹고 맙니다. 말씀을 듣고서 마음 속에 깊이 받아들이고 싶은데 누군가 다가와서, 다른 이야기 인간과 세상 이야기를 합니다. 그런저런 세상 이야기를 듣는 중에 말씀을 사모하는 마음은 어디론가 사라지고, 내 마음은 예전 그대로 세상 사람의 마음으로 돌아가고 마는 것입니다. 그러니까 그렇게 말씀을 쪼아 먹는 새의 역할은 사단의 역할이요, 사단의 심부름꾼들은 그런 사명을 가지고 살아가는 것입니다. 하나님 보시기에 심히 악한 경우입니다.

그런데 어떤 사람들의 마음은 연한 옥토와 같습니다. 그러니까 말씀의 씨앗이 그 마음에 떨어지면 많은 열매를 맺게 됩니다. 마태복음 13장 8절 말씀은 이렇게 전하고 있습니다. "더러는 좋은 땅에 떨어지매 어떤 것은 백 배, 어떤 것은 육십 배, 어떤 것은 삼십 배의 결실을 하였느니라."✛

아벨의 피·그리스도의 피

마태복음 21장 15절 말씀은 이렇게 전하고 있습니다. "대제사장들과 서기관들이 예수께서 하시는 이상한 일과 또 성전에서 소리 질러 호산나 다윗의 자손이여 하는 어린이들을 보고 노하여……." 어린아이들이 소리를 지르는데, 어린아이들은 나사렛 예수를 향하여 "다윗의 자손이여"라고 소리칩니다. 여기서 "다윗의 자손이여!" 소리치는 것은, 그 분이 다윗의 후손으로 오신 메시야라는 의미입니다. 어린아이들은 그 분이 곧 메시야라고 소리칩니다. 그런데 대제사장들과 서기관들은 그 분이 곧 메시야라는 사실을 받아들일 수 없습니다. 그래서 그들은 진노한 것입니다. 그러니까 그런 제사장들이 자신들의 잘못을 깨닫고 회개하지 않는 한, 그들은 하나님의 아들을 공격하게 될 것이요, 대적하게 될 것입니다.

예수님께서는 계속해서 그들의 문제점을 지적하십니다. 왜 그들에게 잎사귀만 가득하고 열매는 없는지, 왜 그런 지적을 하셨는지, 그에 대하여 설명하시듯이 계속 말씀하신 것입니다. 우선 지적하시기를, 마태복음 23장 3절 말씀은 이렇게 전하고 있습니다. "그들은 말만 하고 행하지 아니하며……." 바리새인들과 서기관들은 말만 하고 실천이 없다는 것입니다. 그리고 23장 5절 말씀은 이렇게 전하고 있습니다. "그들의 모든 행위를 사람에게 보이고자 하나니……." 조금이라도 선한 행위를 하면 그것을 사람들에게 보이려고 애를 쓴다는 것입니다. 그리고 6절과 7절 말씀은 이렇게 전합니다. "잔치의 윗자리와 회당의 높은 자리와 시장에서 문안 받는 것과 사람에게 랍비라 칭함을 받는 것을 좋아하느니라." 하나님께 인정받기보다는 사람들로부터 높임 받고 세상에서 인정받는 것을 지나치게 좋아한다는 것입니다. 그렇게 지적당하고 비판당한 대제사장들과 서기관들은 예수님을 어떻게 처리할까 고심하게 됩니다. 그러다가 결국은 그들의 뜻을 모아서 십자가 처형을 진행한 것입니다.

예수님께서는 자신이 십자가에 죽게 될 것을 예감하시면서 모든 일을 하셨습니다. 그러면서 예수님께서는 대제사장들과 서기관들을 향하여 심판과 징계를 예언하십니다. 마태복음 23장 35절은 이렇게 전하고 있습니다. "그러므로 의인 아벨의 피로부터 성전과 제단 사이에서 너희가 죽인 바라갸의 아들 사가

랴의 피까지 땅 위에서 흘린 의로운 피가 너희에게 돌아가리라." 그러한 성전과 그러한 종교 사회에서 의로운 피가 흘렀다고 말씀하십니다. 의인 아벨의 피로부터 제사장 사가랴의 피까지 의로운 피가 흘렀다는 것입니다.

가인과 아벨이 하나님 앞에 동시에 제사를 드렸습니다. 그런데 아벨의 제사는 하나님께서 기뻐하셨고, 가인의 제사는 기뻐하지 않으셨습니다. 그래서 분노한 가인은 아벨을 돌로 쳐 죽이고 말았습니다. 아벨은 하나님 보시기에 올바른 제사를 드렸는데, 그는 돌에 맞아서 그것도 내 형의 돌에 맞아서 쓰러져 죽고 말았습니다.

유대인들의 역사는 종교인들의 역사는 어쩌면 그러한 가인과 아벨의 역사라는 사실을 명심할 필요가 있습니다. 이 세상 종교의 역사는 위선과 거짓의 역사일 수가 있습니다. 그 위선과 거짓의 역사를 밝혀내고 해명하고 깨끗하게 하기 위하여 이 땅에 오신 분이 예수 그리스도이십니다. 그 억울한 피 아벨의 피 위로 다시 예수 그리스도의 피가 흘러서 고통의 땅을 은혜의 땅으로 변화시켜 가는 것이 하나님의 뜻인 것입니다. 억울하다고 분노하며 소리치는 그 함성들을, 용서와 감격과 찬양의 음성으로 변화시키려는 것이 예수 그리스도의 십자가인 것입니다.

영국 속담에 이런 말이 있습니다. "분노한 사람은 입은 열고, 눈은 감는다."는 것입니다. 입으로는 억울함과 분노를 쏟아 내면서도 눈은 감고 있다는 것입니다. 분노는 아주 무서운 무기입니다. 분노라는 무기는 우리 인간을 이용합니다. 분노한 사람은 분노가 시키는 대로 말하고 행동하고 마는 것입니다. 내 마음에 아벨의 피 억울한 피가 흐른다고 생각하기 때문에, 많은 사람들은 분노하는 것입니다. 그런데 우리는 이런 사실을 명심해야 합니다. 성경 창세기 처음에 아벨의 피가 흐르는데, 그런데 성경 전체는 예수 그리스도의 피를 전하고 있다는 것입니다. 성경 전체는 억울한 분노의 피가 아니라 용서와 화해와 구원과 부활을 전하고 있다는 말씀입니다.✚

강희창 (姜希昌)

서울대학교 자연대학 식물학과 졸업
서울대학교 대학원 식물학과 수료
(분자유전 전공)(3학기)
장로회신학대학교 대학원 역사신학 석사
장호회신학대학교 대학원 역사신학 박사
서초교회 담임목사
에큐메니칼 연구소 소장
러시아 연방 북오세치아공화국 인권위원회 위원
서울장신대학교 객원교수

주요논저

「에큐메니칼 문서에 나타난 선교신학의 패러다임
　　변화에 대한 연구」
「포스트모던시대의 종말론」
「포스트모던신학으로서 WCC의 삼위일체론」
「이신론의 삼위일체」
『기다리는 자의 하나님 Ⅰ』
『기다리는 자의 하나님 Ⅱ』
『기다리는 자의 하나님 Ⅲ』

동아일보, 한국일보, 기독공보, 기독교 연합신문,
　　목회자 신문에 多數 기고

뒷표지 사진설명

오세치아의 친구들… 예직, 필자, 국회의원 구치예프(왼편으로부터)

Пояснения к фотографии

Мои осетинские друзья…. Эдик, Пильжа, депутат парламента Куциев.

기다리는 자의
하나님Ⅲ

초판인쇄 | 2009년 4월 1일
초판발행 | 2009년 4월 1일

지은이 | 강희창
펴낸이 | 채종준
펴낸곳 | 한국학술정보㈜
주　소 | 경기도 파주시 교하읍 문발리 513-5 파주출판문화정보산업단지
전　화 | 031) 908-3181(대표)
팩　스 | 031) 908-3189
홈페이지 | http://www.kstudy.com
E-mail | 출판사업부　publish@kstudy.com

등　록 |
가　격 | 22,000원

ISBN　978-89-534-1364-1 03230 (Paper Book)
　　　　978-89-534-1365-8 08230 (e-Book)